JN105825

中尾隆一郎

自分で考えて動く社員が育つ OJTマネジメント

ON THE JOB TRAINING

フォレスト出版

はじめに

少しだけ私のＯＪＴにまつわる昔話にお付き合いください。

私はリクルートで29年間働いていました。リクルート事件のあった１９８８年（昭和63年）に内定を受け、１９８９年（平成元年）４月にリクルート関西情報ネットワーク技術部に配属されました。

時代はバブル。リクルート事件があったにもかかわらず、８００名を超える新入社員が４月１日の入社式会場である武道館に集まりました。

当時のリクルートのイメージは、体育会や学園祭のノリでした。

当時流行ったＣＭの「24時間働けますか？」を地で行くような会社でした。

入社前の私のイメージもそうでした。

入社研修などそこそこに、入社してすぐに実地訓練をするのだろうと想像していました。リクルートに限らず、当時の大半の会社は、そんなものだったかもしれません。実際、リクルートに入社した同期でも、営業に配属されたメンバーは、1か月後には現場で営業活動を始めているものもいました。

ところが技術職に配属された私たちは違いました。

当時リクルートは、NTTから通信回線を購入し、全国に張り巡らせていました。大容量の回線を購入し、それを企業に小分けして再販を行っていました。あるいは顧客企業の支社間の電話をこれらの回線ネットワークを利用し、疑似的に内線化することで、通信コスト削減に寄与していたのです。

ところが、企業内のネットワークや、その企業が入居しているビル内のネットワークとNTTのネットワークを繋ぎ、安定的に通信品質を担保するのは決して簡単ではありませんでした。

そこでリクルートは、私が入社した数年前から大量の理系学生を採用し、教育することで戦力化を図っていたのです。その流れを受けて、私たち技術職で採用された新人に対しても研修を6か月もするというのです。

それも東京で一括実施するということで、私は4月から9月までの半年間、木場のウィークリーマンションで関西配属の同期5人で過ごすことになりました。

地元・大阪が大好きで、大学も実家から通っていた私は、東京で、しかも知らない同期との共同生活です。かなりストレスを感じたのを覚えています。

しかも私たち以外の東京配属の同期は、自宅や会社の寮でしたので、彼らとの交流も少ないウィークリーマンション暮らしの私たちは、なんとなく孤立感がありました。

新しい生活環境になじむのは、なかなか大変だったのですが、研修は充実していました。半年間、座学、自習、テスト、実施訓練、顧客訪問などを組み合わせて、みっちり研修をしてもらいました。いい意味で予想を裏切られました。

当初、半年間の研修期間は、ずいぶん長いなと思ったのですが、今から考えるとかなり丁寧に技術者としての基礎知識と技術を習得させてもらいました。

私は、大学院で材料物性、それも基礎研究をしていました。一方、配属されたリクルートの事業は通信事業。通信の基礎知識はまったくありません。アナログ回線、デジタル回線なども分かりません。交換機の存在も知りませんでした。そんな門外漢の素人を半年後には何とか技術者の端くれにしてくれたのです。事実、研修後の10月に関西に正式配属された直後から、何とか戦力になれたのです。すごい教育効果です。

当時のリクルートの通信事業部は、部長が30代半ば、課長が20代後半から30代前半という若い組織でした。新人向けの研修を考えるメンバーも、今から考えると入社2~3年目の先輩が中心でした。彼らが、研修を設計し、毎日情報交換し、研修内容を修正しながら、私たちを育ててくれたのです。

しかも私たちのように地方から来ているメンバーには、定期的にフォローの機会もありました。今でいう1on1（1対1のミーティング）や懇親会なども設定してくれたのです。

当時は、当たり前だと思っていたのですが、実は至れり尽くせりでした。

リクルートで実践していたOJT手法「ロールプレイング」

この新人の時の自分自身が教育を受けた経験がとても強く印象に残っています。

（学ぶ気がある相手に）きちんと教育をすれば、大きな効果があるという事を学んだのです。

その後、29年間リクルートで働きましたが、リクルートは従業員の教育にとても積極的でした。特にOJT（On The Job Training：職場での教育）の設計・運用が秀逸です。

今では様々な会社で取り入れられている**ロールプレイング**なども、かなり早い時期から導入していました。ある事業では、営業経験がまったくないメンバーをたった2週間で営業担当にする「ロープレマラソン」という研修もありました。

これは研修単独で存在するのではなく、**入社1か月以内に従業員に成功体験を積んでもらおう**

という、ゴールから逆算した研修の設計思想がありました。

成功体験とはこの場合、営業担当としてお客様からの初受注であり、お客様から信頼を得る経験です。この早期の成功体験の有無は、その後の成長や離職防止に役立ちます。

1か月以内に初受注をするためには、入社2週間以内には独り立ちが必要です。独り立ちとは1人で営業活動ができることを指します。次の3週めの1週間でどの程度の数のお客様訪問を実行すれば、どの程度の確率で翌週に初受注ができるのか、過去のデータから分かるようになっていました。

このような話をすると、大量生産の工場のように画一的に人材を育成しているように勘違いする人がいるかもしれません。まったく違います。

入社したメンバーは1人1人バックグラウンドが違います。この事業の例では、幼稚園の先生や保育士、教師、公務員といった、営業とは全く関係ない仕事からの転職者も多数いました。

彼らを2週間で営業ができるようにするのです。

もちろん基本的な研修の「型」はあるのですが、1人1人の状況や特性を見ながら、1人の落ちこぼれも生まないように、あの手この手でフォローしてくれるのです。

初受注した後もロールプレイングは続きます。それは若手メンバーだけではありません、配属先の営業所全体で実施するのです。例えば、ある商品企画が決まったら、それをどうすれば、お客様に分かりやすく説明できるのか、ロールプレイングが始まります。

全ての営業メンバーが2人ずつ、営業役と顧客役になりロープレが始まります。

長い時間のロールプレイングは意味がありません。1テーマにつき2〜3分のロープレを繰り返します。そして、**その中で良いロープレを選び、全営業担当がそのロープレを習得していきます。まさに生きたOJTです。**

理屈を説明したり、先輩と同行するよりも、事前に練習ができるロールプレイングが生きる仕事がたくさんありました。当時の合言葉は、**「お客様（本番）で練習をしない」**でした。事前のロールプレイングで、十分練習をしてからお客様に対峙していたのです。

もちろん、「自分たちの仕事はそんなにシンプルではない」という反応もあるかもしれません。実際リクルートの営業の中でも最もプレミアム（高額で複雑）な営業は、ロールプレイングではなく、レベル別のマニュアルを作りました。

ただし、この部署の当時の責任者が前述のロールプレイング研修を実際に体験し、その品質の高さに驚き、これを参考にしながら自分たちの複雑な営業活動に活用できるマニュアルを作成したのです。

事例を研共して「組織知」にする仕組み

リクルートでは、研修やＯＪＴだけではなく事例共有も盛んです。様々な部署で、良い事例がドキュメント化され、共有するための発表会が実施されています。

従業員が数千名までの頃は、職種を問わず全社で10名が選抜され、事例を発表していました。お祭り騒ぎが好きなリクルートは、その10名のポスターを作り、紹介ビデオを作ります。彼らに対しては、プレゼンテーションがうまくなるための教育もします。

そして10名それぞれは、リアルとビデオ会議を通じて大勢の同僚の前でＴＥＤさながらのプレゼンをします。それぞれのプレゼンが終了すると、識者から、その事例についての解説まであるのです。当然プレゼンの動画もアーカイブ化されて全従業員が見られるようになっています。その後、社内報でも取り上げられて、良い仕事が全社に共有できるようになっていました。

従業員が数万名になった数年前でも、職種ごと（営業・事業開発・ＩＴ・スタッフ）に10名ずつが選抜されて、同様の事例発表をしていました。

私自身、リクルート内でいくつかの組織を担当させてもらった際に、この手の研修、ＯＪＴ、事例発表を組み合わせて組織を進化させていました。そして、その効果を実感していました。

リクルートの研修やＯＪＴ、あるいは事例共有の方法は素晴らしいです。

しかし、それは何十年もかけて作り上げたリクルートの組織最適で、独自に進化してきたものでもあります。それを他社が一朝一夕に導入するのは簡単ではありません。

そもそも、それぞれの会社の状況や目的に合わせて、方法は考えるべきでしょう。リクルートの方法がうまくいかないケースもたくさんありえると思うのです。

ただ、このようなＯＪＴの仕組みを導入できると、現場が自律自転し始めます。言われたことをするだけではなく、現場のメンバーが創意工夫を始めるので、自ら考え、判断し始めるのです。当然、業績にも良い影響を及ぼします。

「自律自転する組織」を創るために開発したメソッド

私はリクルートのやり方を参考にしながら、より汎用的に使えるＯＪＴの仕組みを開発しています。詳しくは本文で解説しますが、この最新型ＯＪＴの仕組みを**「Ｇ－ＰＯＰマネジメント」**と呼んでいます
Ｇ－ＰＯＰマネジメントならば、より多くの組織に導入して効果が出ることが明らかとなってきました。ある意味、**ＯＪＴを再発明**できたのではないかと自負しています。

G－POPマネジメントは、一朝一夕にできたわけではありません。私がリクルート時代に様々な組織を研究する中で編み出した方法に、新しいノウハウとテクノロジーの進化を統合した方法論です。

こう書くと難しそうですが、イケてる現場のリーダーがやっているOJTを、便利なITツールやテクノロジーを活用することでいろいろな職場で活用できるようにしたメソッドです。

このアイデアのきっかけは、2016年、私がリクルートワークス研究所に在籍していた時でした。当時の研究所長の大久保幸夫さんから「中尾が担当した組織や私が担当した組織は、なぜメンバーが自律して考えるようになり、業績を出し続けられるのか考えてみよう」というものでした。

それを研究所内の資料としてまとめたものが「メンバーのwillを発見してアサインするマネジメント（Team Managerial Behavior cycle）」でした。これを1つのインプットとしてリクルートワークス研究所の研究員が発表したのが「ジョブ・アサインメントモデル2017年バージョン」です。現在は最新調査を元に2019年バージョンがリクルートワークス研究所のサイトで公表されています。

実践・導入して効果が明らかとなった「G－POPマネジメント」

その後、私は2019年に中尾マネジメント研究所を設立、リクルート在籍29年間で培ったマネジメント手法を、必要な組織・人に伝える事をミッションにおきました。

しかし一抹の不安がありました。

その不安は、私自身が実践してきた「G－POPマネジメント」に汎用性があるのかという点です。理論的に正しいのかどうか。リクルート以外で通用するのかどうか。

その時、本質行動学の第一人者、西條剛央さん主催のEssential Management School（EMS）で学ぶ機会を得ました。そして私の実践してきた「G－POPネジメント」が、学問的に強度があることが確認できました（中尾の論文は最優秀論文に選ばれました）。

並行して、この1年半で、大手企業から成長企業、経営者から新入社員まで、様々な業界、階層の人たちに対して「G－POPマネジメント」のノウハウを提供しました。その結果、「G－POPマネジメント」で成果が出る対象について把握する事ができたのです。

「G－POPマネジメント」は、人が価値の源泉であると考えている組織に対して効果を発揮します。つまり組織のメンバー一人一人が主体的に考えて「自律自転する組織」を作りたいと考えている組織に効果があります。

一方で、少数の人が方針を決め、他の人はそれに従えばよいと考えている組織、人では、効果がありません。

繰り返しになりますが、「G－POPマネジメント」は、私が1人で考案したものではありません。リクルート時代の高業績を挙げている組織、例えばほんの一部を紹介すると平尾勇司さんが担当した時代のホットペッパー事業やその後の狭域領域事業、本原広志さんが担当した国内外の派遣事業、釘崎広光さんが担当したリクルートマネジメントソリューションズ、峰岸真澄さんが担当した時代のリクルート住宅事業の分析などが重要なインプットになっています。

私自身の年間100冊×20年間の書籍からのインプットも有効でした。上述のリクルートワークス研究所での大久保さんとの思索もフレーム化するために役立っています。

さらに、ここ最近は、1on1を進化させたグループコーチング（GC）を主宰している鈴木利和さん、30万人以上が利用する協働学習ツールteamTaktを開発したエンジニアでもある後藤正樹さんと一緒に、「G－POPマネジメント」に有効なノウハウと最新のテクノロジーを加えて、進化し続けています。

そして、様々な会社、組織、個人が興味を持ってくれて、現在、「G－POPマネジメント」

の仲間の輪が広がっています。

それは、昨今のリモートワーク主体の仕事スタイルと「G－POPマネジメント」の相性が良いからです。オフィスに出社して物理的に1か所に集まって仕事をする従来のスタイルから、リモートワークで物理的に分散して仕事をするスタイルが中心になってきています。

この変化は一過性ではなく、不可逆だと思われます。進んでいる企業はそのことに気づいています。ですので、この大きな変化に対応すべく、各企業は、従業員1人1人に自律することを求めています。そしてその具体的な方法論を見つける事を模索しています。

しかし1人でできる仕事には限りがあります。そこでリモートワークをしながらチームで仕事を進める具体的な方法論が求められているのです。1人1人がセルフマネジメントしながら、チームメンバー相互の仕事の見える化がなされ、相互に協力できる方法論が求められています。

進化したOJTである「G－POPマネジメント」は、まさにこれらを解決できる1つの方法論なのです。

この本を通じて、1人でも多くの仲間が増えて、「G－POPマネジメント」が進化し続けることを期待しています。

『自分で考えて動く社員が育つＯＪＴマネジメント』もくじ

第1章

ＯＪＴの現状と課題

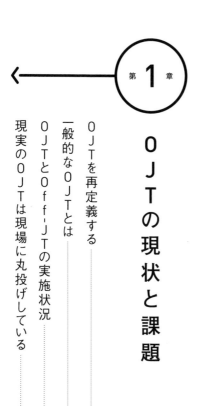

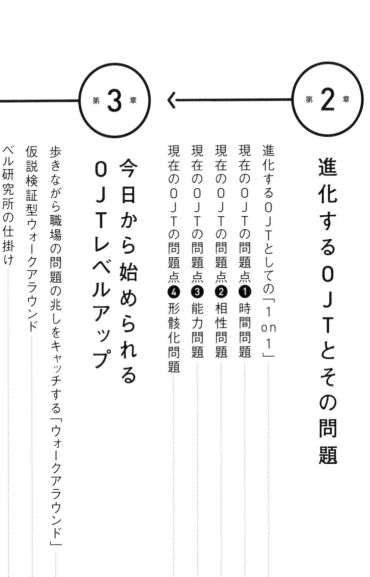

第2章

進化するOJTとその問題

第3章

今日から始められるOJTレベルアップ

第4章

OJTの目的は自律自転する組織を創ること

第5章

自律自転する組織論が生まれた背景

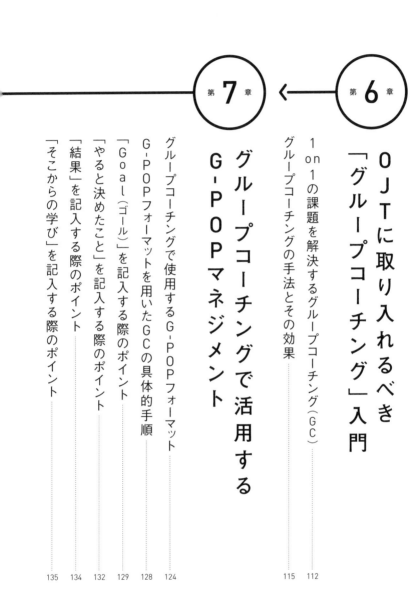

第6章

OJTに取り入れるべき「グループコーチング」入門

第7章

グループコーチングで活用するG-POPマネジメント

第8章

G-POPマネジメントの全体像

最終章

AIツールで人材の取扱説明書（トリセツ）を活用する

ブックデザイン　小口翔平＋喜來詩織＋奈良岡菜摘（tobufune）
図版制作　ファミリーマガジン
DTP　キャップス

第1章

OJTの
現状と課題

ＯＪＴを再定義する

私の最近の興味関心は**「業績を上げ続ける自律自転する組織の創り方」**です。それも「ＯＪＴ」を「再定義」「再発明」することで、この「自律自転する組織」ができることが分かってきたのです。ちなみに、「自律自転」とは、自ら考え、自ら判断・行動し、振り返ることです。

この話をすると怪訝《けげん》な顔をされることがあります。昨今の大きな変化に対応するためにも「自律自転する組織」には興味がある。しかし、それと「ＯＪＴ」の繋がりが分からないというのです。

一般的な「ＯＪＴ」は「新人や若手あるいは異動者の現場での育成」、しかも「採用、異動時など期間限定の育成」のことを指す場合が多いでしょう。さらには、この「ＯＪＴ＝On the Job Training」は、トレーニングとは名ばかりで、人事や上司が現場の先輩社員に丸投げしているのが実態であったりします。

ですので、効果的な「OJT」のおかげで若手が育っているという話はあっても、「再定義」あるいは「再発明」した「OJT」で組織が「自律自転する」ように変わったなどという話はあまり聞いたことがありません。

OJTを新人教育に限定するのはもったいない

最初にまず、説明しないといけないことがあります。

私が「再発明」している「OJT」は、新人や若手に限定した話ではありません。「経営者も含めたメンバー」「組織全体」が対象です。しかも期間限定ではなく、継続的に実施することで、組織がどんどんと「自律自転する組織」に成長していく方法なのです。

結論からお伝えすると、私たちが「再発明」した「OJT」を導入すると「自律自転する組織」ができていきます。

「自律自転する組織」は「自律自転する人」から構成されています。つまり「自律自転する人」が増えていく結果として、「自律自転する組織」ができるのです。

この「再発明」した「OJT」を導入すると、「現場の見える化」「個人の見える化」「個人のセルフマネジメント」「個人の仕事の進め方のスキルアップ」「メンバーの相互理解の促進」などが同時に実現します。

誰が、どのようなことを大事に感じ、仕事に取り組んでいるのか。誰が、何を、どのように進めているのかが自然と見えてくるのです。しかも継続的に実施すると、全メンバーが知らず知らずのうちに「セルフマネジメント」ができるようになり、「仕事の進め方」の型を学んでいけます。これらの活動を通じて、メンバーの相互理解も進んでいきます。

つまり、1粒で何度もおいしい方法論なのです。

だから「発明」という大げさな名称をつけたわけです。

管理職や中堅社員にＯＪＴは不要か？

「ＯＪＴ」はOn the Job Trainingの略称です。職場での能力開発を指します。On the Jobは「職場」という意味です。

当たり前ですが、「職場」には経営者もいれば、管理職、そして中堅社員、若手や新入社員もいます。ＯＪＴの「職場」の対象を若手や新人向けの育成だと狭義にとらえては、もったいなさすぎると思うのです。

「経営者、そして管理職や中堅社員は、ＯＪＴの助けなど借りないで自ら成長すべきだ」という

図1 「一般的な従来のOJT」と「再発明したOJT」の比較

	一般的な従来のOJT	再発明したOJT
目的	新人・若手の教育	自律自転する人・組織をつくる
対象	新人・若手・異動者・転職者	経営者を含めたすべての従業員
期間	（有期）配属後の一定期間	（無期）継続的に例えば毎週
理論背景 活用技術	?	制約条件理論、経験学習理論、 テキストマイニング技術、G-POP
その他	①人事や上司から現場の先輩に丸投げで実施することが多い。 ②何をしているのか分からない。 ③効果も不明確で、振り返りなどを実施していない事も多い。	①現場の見える化 ②個人の見える化 ③セルフマネジメント ④仕事の進め方スキルアップ ⑤メンバーの相互理解促進 などを同時に実現

「べき論」を言う方がいます。

しかし、人はそんなに強いものではありません。

私がリクルートワークス研究所に在籍していた当時の調査によると、過去1か月に仕事に関するインプットをした人は17％に過ぎません。つまり全体の6分の1です。残りの6分の5の人は仕事に関するインプットを一切せずに業務に取り組んでいるのです。

簡単な比較をしてみます。

❶職場の全員が現場の経験を通して成長している組織

❷若手や新人だけが成長している組織

❶と❷の組織では、どちらが伸びていけそうでしょうか。

言うまでもなく、前者の「❶職場の全員が現場の経験を通して成長している組織」が伸び続けられるでしょう。

この「職場の全員」が現場の経験を通して成長する手法を**「経験学習」**と呼びます。

会社や組織には、様々な職場があります。そのすべてのメンバーが「経験学習」を通じて成長し続ける。そのような状態を目指すことが「ＯＪＴの再発明」であり「ＯＪＴの再定義」なのです。

一般的なＯＪＴとは

一般的なＯＪＴは、職場の上司や先輩が、後輩に対して具体的な仕事を与え、その仕事を通して、仕事に必要な知識・技術などを習得させることで業務能力を育成することです。

簡単にいうと「先輩が職場で若手を育成すること」です。

ＯＪＴの起源はどこか？

ＯＪＴという言葉が生まれたのはいつでしょうか。諸説あります。

有力なのは、第一次世界大戦のころのアメリカだといわれています。当時のアメリカは、戦争のために造船能力を強化する必要がありました。その緊急要員の育成プログラムの責任者チャールズ・Ｒ・アレンが考案したのが、ＯＪＴの原型となる**４段階育成法**でした。

それは、こういうものでした。

The "Show, Tell, Do, and Check" method of job instruction

つまり、**「やって見せる→説明する→やらせてみる→確認する」指導法**です。

日本では山本五十六の**「やってみせ、言って聞かせて、させてみせ、褒めてやらねば、人は動かじ」**という言葉が人材育成の要諦を押さえていることで有名ですね。

両者を比較してみると、同じ4ステップなのに気づきます。

違いは最後のステップです。アレンさんの4段階育成法では、「確認をする」とあります。山本五十六さんの言葉の4つめは、「褒める」とあります。

第二次世界大戦のころに、すでに人は褒めないと動かないと言っているわけです。この言葉は、現在のＯＪＴでも当てはまります。まさに慧眼《けいがん》ですね。

図2　OJTの起源

チャールズ・R・アレンが考案した

4段階育成法

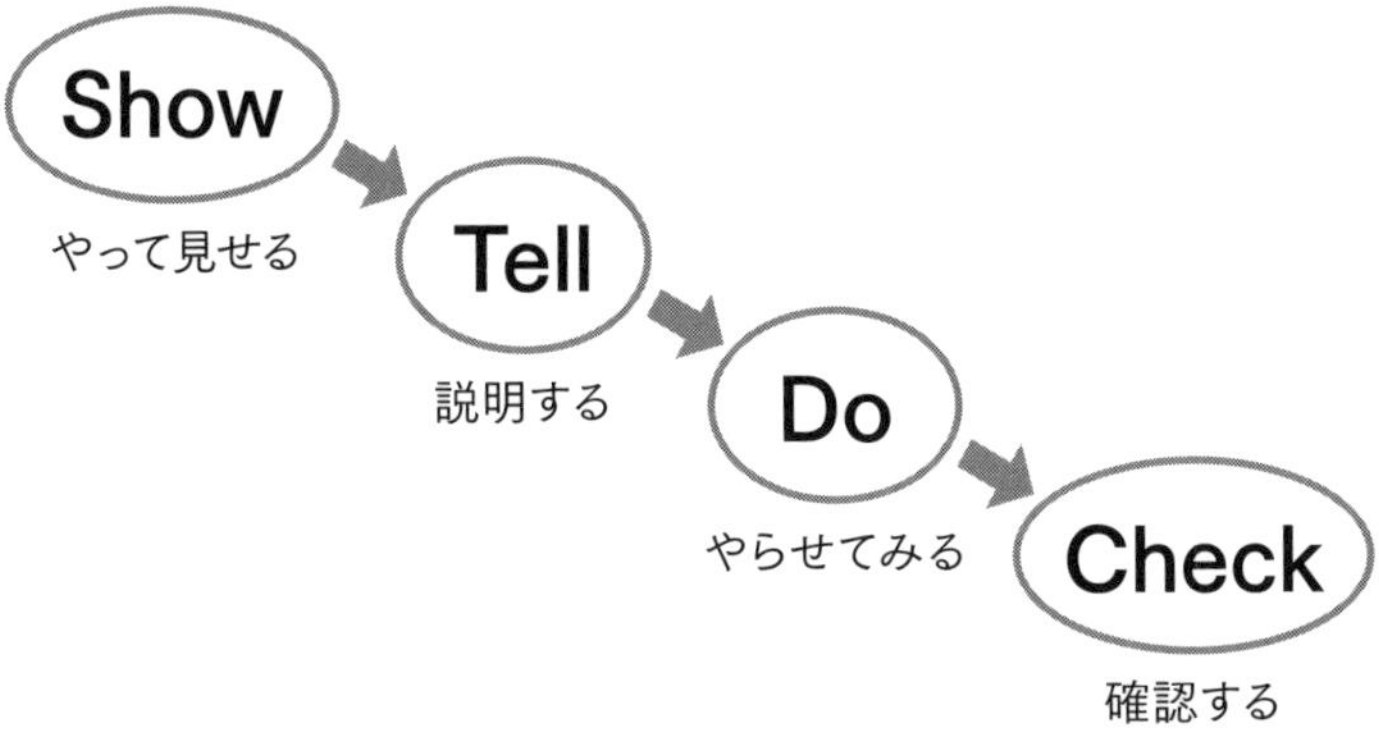

山本五十六の

人材育成の要諦

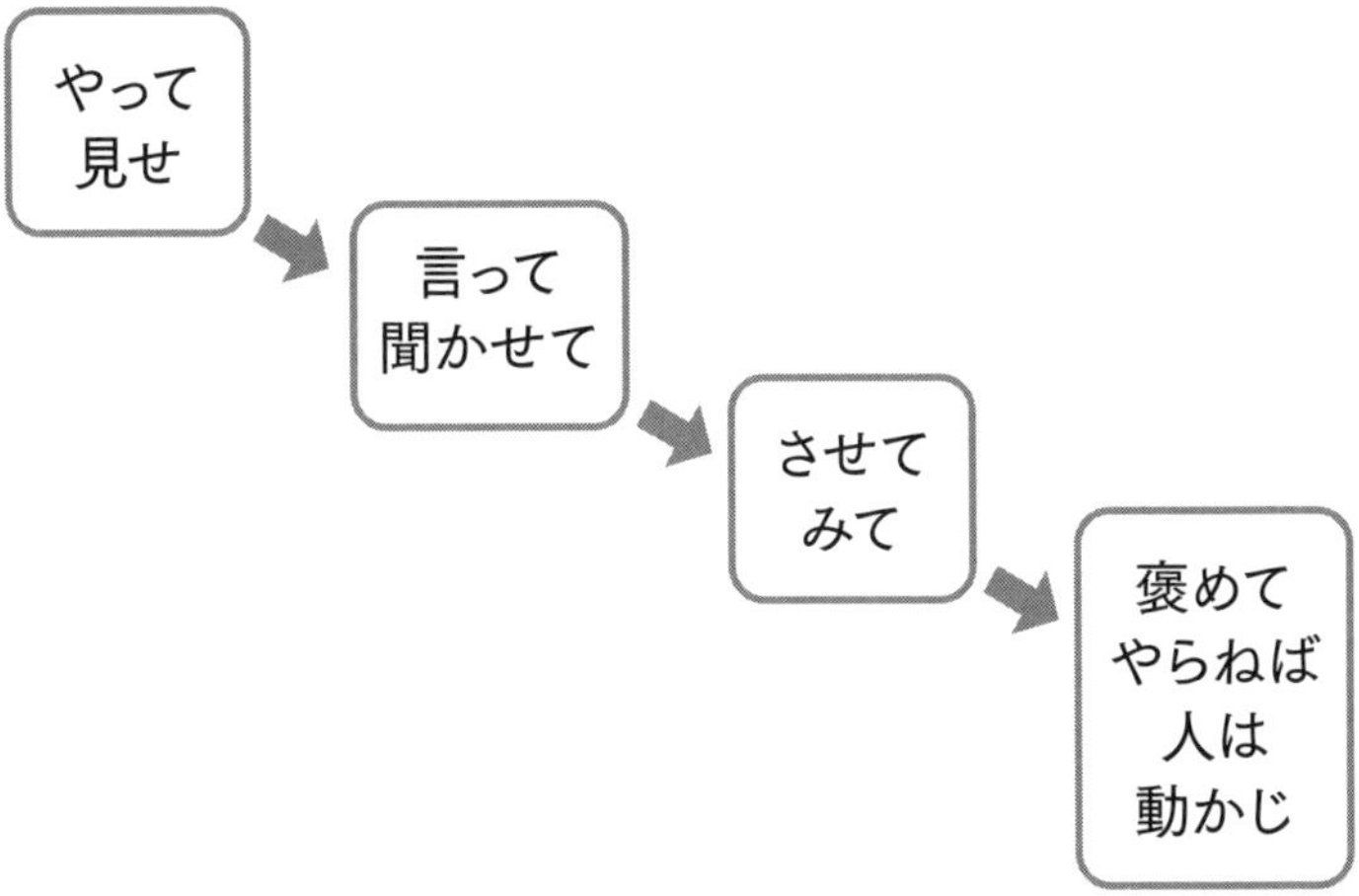

ハードマネジメントの限界を教えてくれた本との出会い

もしかすると部下を「褒める」ことに違和感を持つ方がいるかもしれません。私もリクルートというかつてはハードマネジメントの会社で、新人、若手時代を過ごしました。

正直30年ほど前の新人、若手時代には褒められた記憶がありません。

ちなみに、今のリクルートは当時のリクルートとは全く別の会社です。たくさん褒めてくれます。

しかし、当時はリクルートに限らずハードマネジメントが当たり前でした。「24時間働けますか?」というコマーシャルが流行っていた時代です。ですので、「人を褒めると怠けてしまう」ということで、部下を「叱《しか》る」ことが重要だと思っている方もいるかもしれません。

実際、今の自分があるのは、諸先輩が自分を叱ってくれたおかげだからだと考えている人も少なくありません。特に早く昇進した人に多い気がします。

だから、私が先輩方にしてもらったことを、今度は自分が後輩にするんだと、心を鬼にして部下を叱ろうとしているわけです。一理ありそうです。

私自身も15年くらい前までそのように考えていました。

ところが、私の考えを1冊の本が変えてくれました。

マーシャル・ゴールドスミスというエグゼクティブ・コーチングの第一人者が書いた『**コーチングの神様が教える「できる人」の法則**』という書籍です。

その本の冒頭に、「おかげ」ではなく「かかわらず」という事についていくつかの事例が紹介されていました。

例えば、メンバーに対して、「忘れられないような辛辣な言葉を伝えたおかげで、素晴らしいアイデアが生まれてきたのだ」と信念を持っているリーダーがいたとします。しかし、そのメンバーは、「辛辣な言葉を受けるというひどい仕打ちを受けたにもかかわらず、良い仕事をした」という可能性はないか、と問いかけていたのです。

確かにそうです。私も「ハードマネジメント」の「おかげ」で成長したと考えていました。しかし、「ハードマネジメント」を受けたにも「かかわらず」成長できた人間だった可能性があり、「ハードマネジメント」を受けなければ、もっと容易に成長したかもしれないということです。

私はそれまで、このように考えたことはありませんでした。しかし、じっくり思い返してみると、たくさんの同僚が傷ついて会社を辞めていきました。**「叱る」には大きな弊害があるのです。**

それから私はマネジメントスタイルを１８０度変えました。メンバーの良いところを探し、そこを「褒める」ようにしたのです。幸いなことに、褒め過ぎて怠けだした人は誰もいません。

ＯＪＴとＯｆｆ－ＪＴの実施状況

話をもとに戻しましょう。

ＯＪＴとセットの言葉としてＯｆｆ－ＪＴについても少し触れておきましょう。職場での訓練がＯＪＴだとすると、職場を離れての訓練をＯｆｆ－ＪＴ＝Off the Job Training（オフ・ザ・ジョブ・トレーニング）と呼びます。いわゆる研修や社外の教育機関で学ぶことです。

企業では、これらＯＪＴとＯｆｆ－ＪＴを組み合わせて自社の従業員を育成しています。では、企業は実際にどれくらいＯＪＴ、Ｏｆｆ－ＪＴを実施しているのでしょうか。

ＯＪＴ、Ｏｆｆ－ＪＴの実態とは？

２０１９年３月29日に厚生労働省が発表した平成30年度「能力開発基本調査」を参考にします。

計画的なＯＪＴを実施した事業所は65・3％。つまり3社に2社が実施しているようです。次に対象を確認してみます。ＯＪＴの対象は、新入社員5割強、中堅社員4割弱、管理職2割強、正社員以外3割弱です。

一方のＯｆｆ－ＪＴを実施した事業所は77・2％。つまり4社に3社が実施しています。同じくＯｆｆ－ＪＴの対象は、新入社員6割強、中堅社員6割強、管理職5割強、正社員以外4割強です。

つまり、Ｏｆｆ－ＪＴを実施している事業所の方が多いようです。

ただし、このデータを見るのには注意が必要です。これは事業所ベースの話だからです。すべての従業員が、計画的なＯＪＴやＯｆｆ－ＪＴを受けられているわけではありません。例えば、ＯＪＴの対象で管理職は2割強との回答です。これは、企業のうち2割が管理職に対して計画的なＯＪＴを実施しているわけです。

つまり、ある会社に10人の管理職がいて、その管理職のうち1人でも計画的なＯＪＴを実施していれば、その企業は計画的なＯＪＴを実施していると回答したとみなします。

その差異は、今から紹介する個人側のデータを見るとよく分かります。

例えば、Ｏｆｆ－ＪＴでは、実施した事業所は77・2％ですが、労働者側の回答では35・2％と3分の1程度に減少します。しかも正社員の割合が正社員以外より高く、高学歴者の割合が低学歴者より高いのです。

つまり、Ｏｆｆ－ＪＴ、具体的には研修は、大卒かつ正社員を中心に実施していることが分かります。

一方で年齢では若年者での実施割合が高い傾向になっています。つまり、新人、若手正社員に対してＯｆｆ－ＪＴを実施していることが分かります。

ちなみに個人側に対してＯＪＴを実施しているデータはありませんでした。おそらく企業が計画的に実施をしているかどうかは、個人側で判定がつかないからだと想像できます。

Ｏｆｆ－ＪＴを実施する企業とは？

平成30年度「能力開発基本調査」によると、ＯＪＴを実施している企業はおおよそ3分の2、Ｏｆｆ－ＪＴをしている企業はおおよそ4分の3でした。

ということは、ＯＪＴとＯｆｆ－ＪＴのそれぞれを実施していない企業は、ＯＪＴでは3分の1、Ｏｆｆ－ＪＴでは4分の1に上ることが分かります。

多くの会社がＯｆｆ－ＪＴ、つまり研修などを実施していないのは想像できます。

私はリクルート時代にリクルートマネジメントソリューションズという教育研修（つまりＯｆｆ

図3　OJTとOff-JTの実施状況

計画的なOJTの実施状況

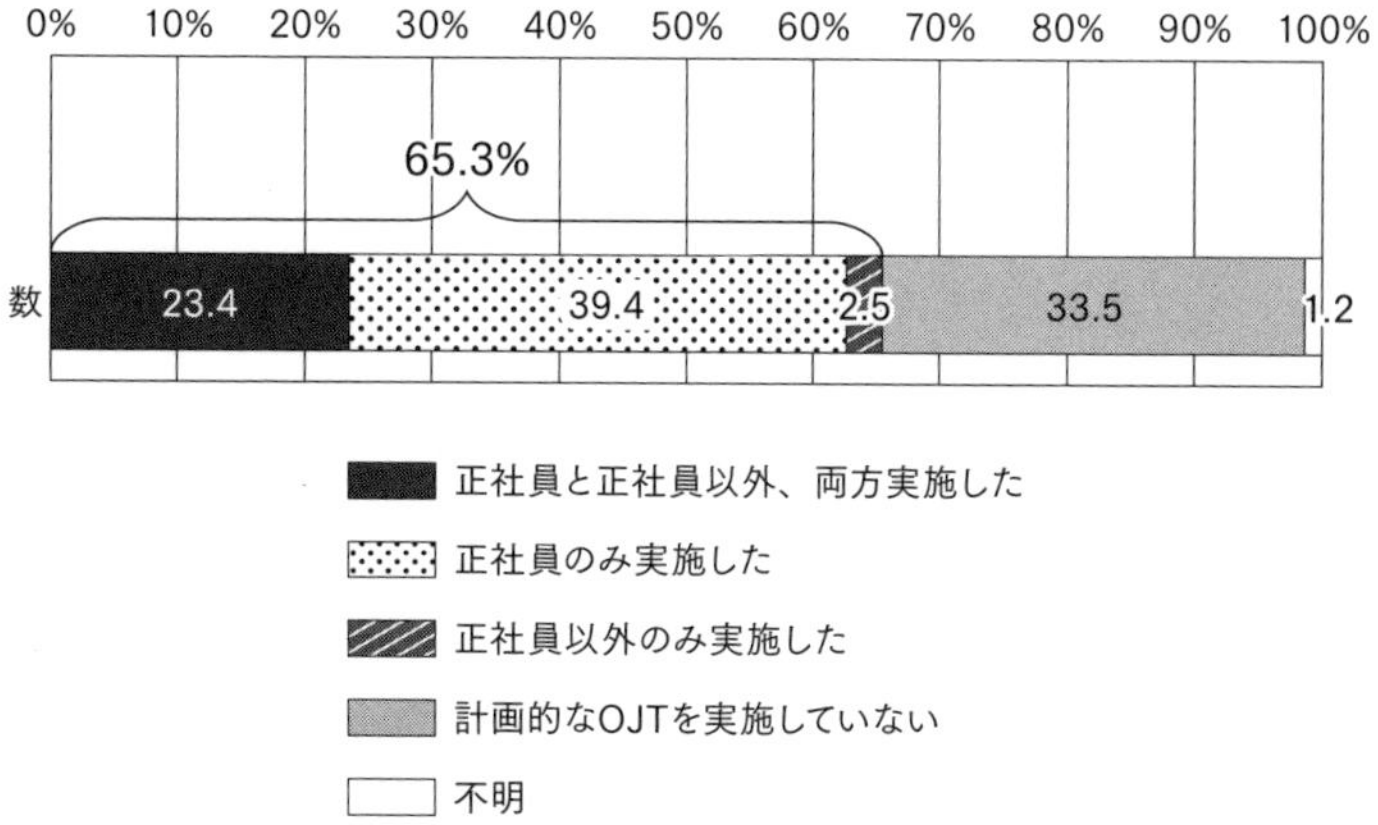

Off-JTの実施状況

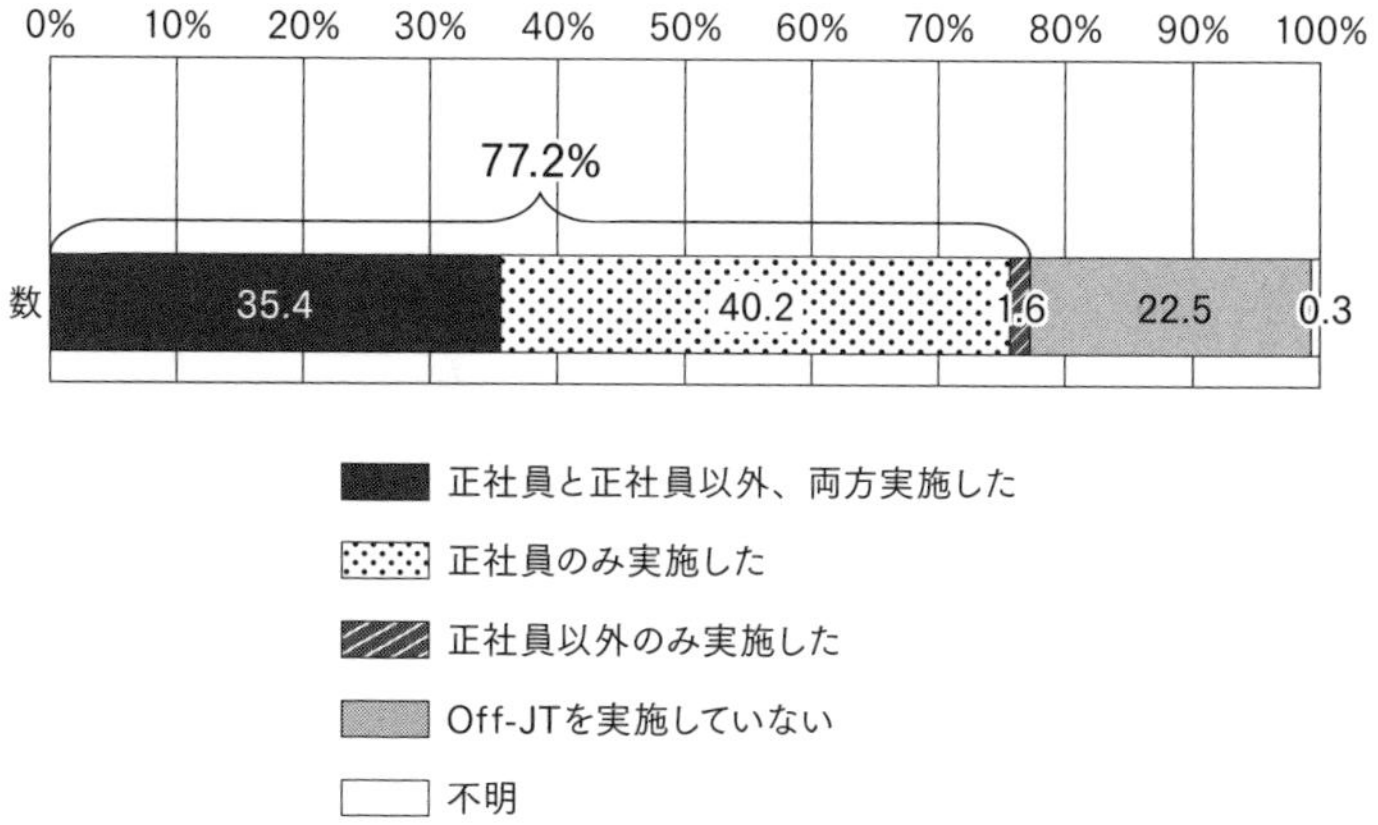

平成30年度「能力開発基本調査」より

ーJT）のマーケティングの責任者をしていた経験があるので、この辺りの領域は、土地勘があります。

どのような企業がOffーJTをしているかというと、基本、企業規模が大きくなるに従い、OffーJTを実施している企業の割合は増加します。そして企業規模が増加するとOffーJTの実施規模も大きくなります。

つまりOffーJTの実施及びその規模は、従業員数に正の相関があります。

これはみなさんもなんとなくイメージがつきやすいと思います。規模が大きな会社の方が、定期的に採用する人数も多いですし、先ほどのOffーJTの主な対象である大卒、正社員の新入社員を採用し続けているからです。また企業規模が大きいと、新たに管理職になる人も多いでしょう。結果、定期的にOffーJTを実施するわけです。

OJTの実施状況に潜む「計画的でないOJT」

では、一方のOJTについてはどうでしょうか。

企業の3分の2しかOJTを実施していないというのは、感覚的に低い気がしませんか。

そこで、データをよく見ると、**OJTについては、「計画的OJT」と「計画的」という言葉**

がOJTの言葉の前についているのに気づきます。

この調査では、計画的に実施しているOJTの有無を聞いていることが分かります。

一方のOff-JTのデータについては、このような「計画的」という言葉は付加されていません。Off-JTの有無だけを確認しています。つまりOff-JTは1種類だけなのですが、OJTには、「計画的OJT」と「計画的ではないOJT」があるのではないかという仮説が立ちます。

では、**「計画的ではないOJT」**とは何なのでしょうか。

現実のＯＪＴは現場に丸投げしている

「計画的なＯＪＴ」とは何か。

何らかの計画を立てて、実行し、振り返るというＰＤＳ（Plan→Do→See）のサイクルがあることが想定できます。一方の「計画的ではないＯＪＴ」には「計画」がない、あるいは「振り返り」がないと想定できます。

みなさんも徐々にイメージがわいてきたのではないでしょうか？

そうです。推測ですが、**「計画的ではないＯＪＴ」とは、新卒や転職者、異動者を現場へ丸投げして育成しているようなケース**だと考えられます。

誰もが思い当たる「丸投げＯＪＴ」

私が30年前の新人のころの話です。

私はリクルートに技術職として採用されました。リクルートが通信事業をやり始めた矢先でした。余談ですが、リクルート事件が起きた時に内定者でした。事件にもかかわらず800名を超える新入社員（半数は理系）がリクルートの門戸を叩きました。

今から考えると、内定辞退もせずに、よく入社したものです。

リクルートで新卒配属された情報ネットワーク事業部では、半年間みっちり研修（つまりOff－JT）を受けました。関西配属だったのですが、研修のために半年間東京に呼ばれ、関西の同期入社5人でウィークリーマンションに住んだのを覚えています。

かなりきちんと計画されたOff－JTとOJTを受けました。

具体的には、座学と実習と先輩の同行訓練を組み合わせて、徐々に技術力を習得させてもらいました。当時は意識しませんでしたが、とても手厚く訓練の機会をいただいたのです。

ただし、全員がこのような計画的な訓練を受けたわけではありません。

例えば、営業に配属された同期入社の新入社員たちは、1週間ほどの導入研修を受けた後は、各部署に配属され、電話でのアポ取り、資料作りといった、今から考えると「計画的ではないOJT」により育成されていました。もちろん、多くの先輩方は一生懸命に新人を育て、その結果、立派な新人営業がすくすくと育ちました。

図4　「計画的なOJT」は「振り返り」ができる

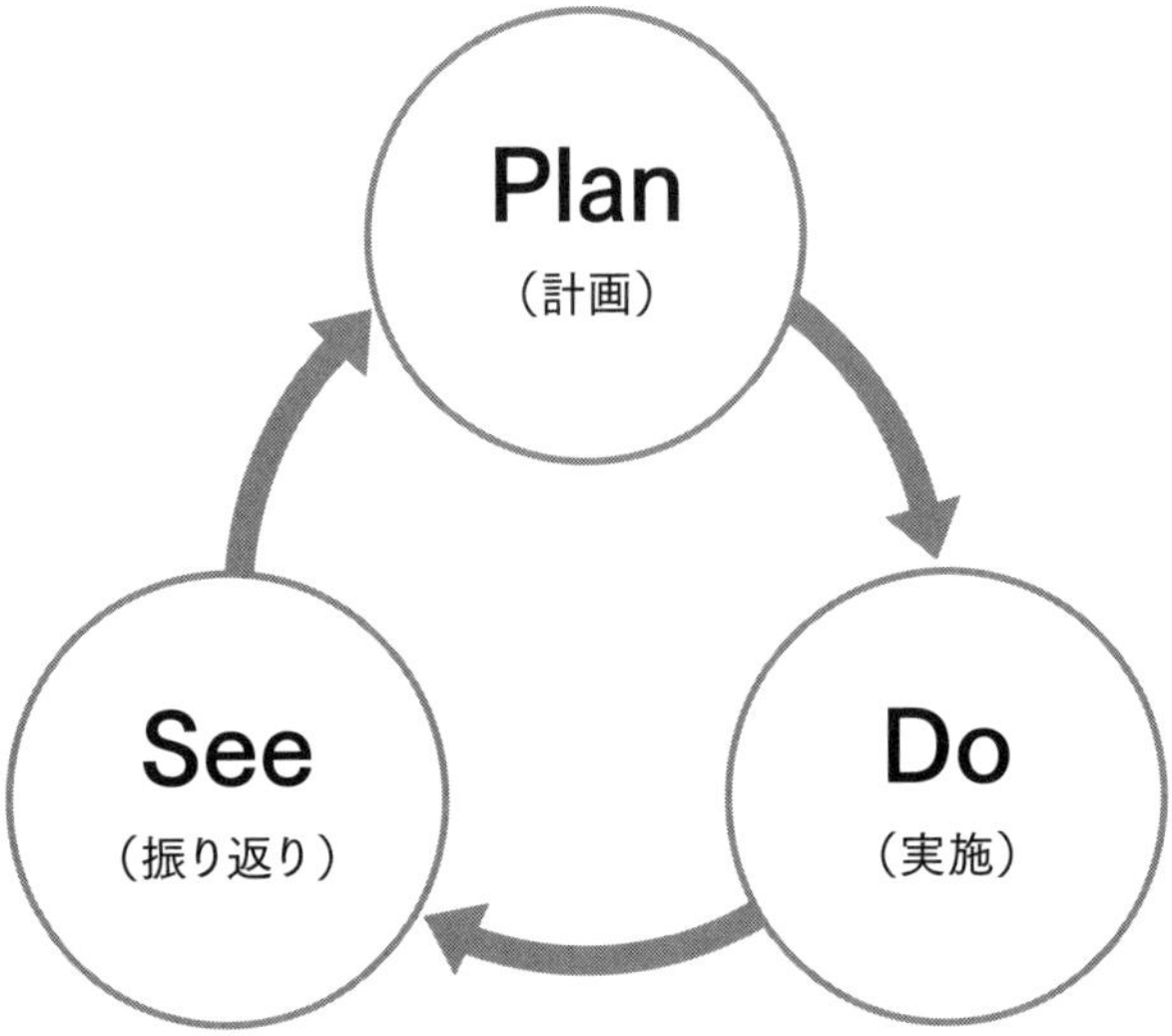

必ずしも「計画的なＯＪＴ」をしたとしても、全員が一人前に育つわけではありません。逆に「計画的ではないＯＪＴ」であっても、同じくらいの人数が一人前に育つケースもあります。

では、「計画的ではないＯＪＴ」の何が問題なのか。それは、現場で何をしているか分からないことが問題なのです。

何をしているのか分からないと、「振り返る」ことができません。ということは、次回のＯＪＴを改善することが難しくなるということです。

しかし、会社や特に人事部もそれに対して手をこまねいていたわけではありません。昨今はかなりＯＪＴの進化の兆しも見えてきています。

第2章

進化するOJTとその問題

進化するＯＪＴとしての「１ｏｎ１」

最近、ＯＪＴの世界に大きな変化が起きています。

その代表格が**1on1（ワン・オン・ワン）**によるＯＪＴです。

1on1とは、上司（マネジャー）が部下の育成を目的として行う定期的な個人面談です。

1on1ミーティングともいいます。

1on1はシリコンバレーのＩＴ企業が実施して広まりました。日本でも２０１２年から1on1を導入し、成功事例としてよく目にすることが多いヤフーをはじめ、現在では多くの企業が1on1を活用しているようです。

特に２０１７年に『ヤフーの1on1』という本が出版されて以降、具体的なやり方やその成果が広まり、導入した会社が多いようです。毎週メンバーと1対1で面談を行い、仕事の進捗を確認し、様々なアドバイスをします。とても効果的な方法です。

私自身も、かつては新しい部署に組織長として赴任すると、その部署の全員と1on1をしました。ただし、全員と実施するのは最初の1回だけで、2回目以降は、中間管理職であるマネジャーに実施してもらっていました。

異動時に多くの人と1on1するのはとても有効です。余談になりますが、私自身は、異動が確定し、全社に内示されると、その部署のメンバー全員に異動の挨拶メールを送りました。自分のプロフィール、仕事をするうえで何を大事にしているのかを伝えます。

加えて、全員と1on1をしたいので、スケジューリングさせてほしい旨を伝えました。

私はこの1on1をとても大事にしていました。ですので、会議などが後から入っても、事前に設定した1on1の予定を優先して組織の現状把握に努めていました。

メンバーと1対1で話をすると、その組織の現状が手に取るように把握できます。稲盛和夫さんがJALの再生をする際にも幹部社員と1on1をし、加えて現場のメンバーとも車座になって対話をして現状把握をしたのは有名な話です。

たった1回だとしても赴任直後の1on1は有効な方法です。

それを毎週継続的に実施することができれば、OJTとして有効に機能します。

ところが、1on1を実際に開始すると、定期的に継続できない組織、人が出てきます。

結果、最低限1か月に1回は実施しようと頻度を減らす組織も少なくありません。

また、その内容もただ雑談をするだけになってしまうケースも少なくありません。1on1はOJTにとても有効な方法なのですが、どうしてなのでしょう。

それは次の4つの問題が起きるからです。

❶時間問題
❷相性問題
❸能力問題
❹形骸化問題

それぞれどのような問題なのかを見ていくことにしましょう。

みなさんの組織が1on1を実施していたら、ぜひ自組織の現状と比較してみてください。

1on1をまだ導入していない場合は、導入したらこれらの問題が起きそうかどうかを想像しながら読んでみてください。

現在のＯＪＴの問題点❶　時間問題

繰り返しになりますが、1on1は有効な手法です。

特に毎週1on1を実施できれば、とても効果的なＯＪＴ手法です。

しかし、問題が起きることがあります。最初に直面する問題は**「❶時間問題」**です。文字通り時間の話です。**「時間がかかる」ということに加えて、「時間の調整が難しい」という問題**です。

簡単な計算をしてみます。

あるリーダーにメンバーが8人いるとします。1人1時間の1on1を毎週設定します。1週間に8人のメンバーと1on1を実施するので、週当たり8時間の確保が必要です。

週当たり8時間というのはどれくらいの時間でしょうか。

1週間の平均労働時間を考えてみます。最近の「働き方改革」の推進では、1日平均8時間程度の就業時間に抑えることが求められています。1日の労働時間8時間×5日で計算すると、週の労働時間は40時間になります。

２０１９年の経団連（つまり大企業中心）の労働時間調査では、年間労働時間が２０００時間弱とありました。週当たりの労働時間は40時間弱になります。そんなにずれていないようです。

労働時間が長いイメージがあるＩＴ業界はどうでしょうか。２０１９年の『日経コンピュータ』の３０００人調査では45時間強とありますので、40時間から45時間程度だと考えられます。

1on1のための時間を週に8時間確保するには、週の労働時間40時間から45時間の2割弱程度を確保する必要があるのが分かります。

2割というと週に5日働くとすると丸1日です。毎週1日は1on1に費やす計算です。

一方のメンバー側からすると週に1時間の話です。

しかし、リーダー側からすると週に8時間、2割弱の時間を拘束されるわけです。加えて、その他の会議やミーティングがあるので、リーダーが実業務を行う時間はかなり限られてきます。

特に昨今はリーダーにプレイングマネジャーを求めるケースが大半です。

そうなると実業務時間の減少は、成果に直結します。

時間問題を解決するための方法

図5　1on1の「時間問題」を解決する

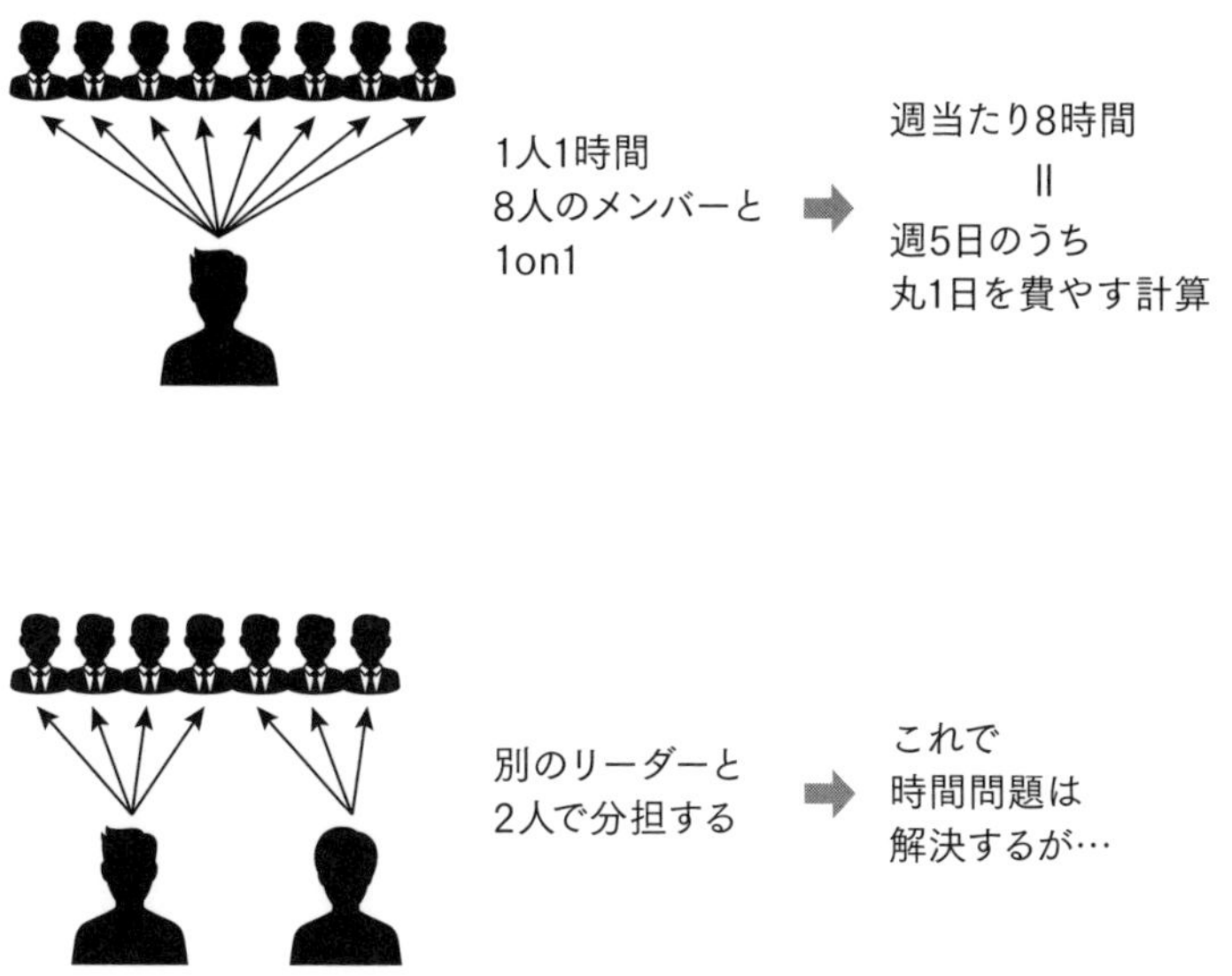
1人1時間
8人のメンバーと
1on1
週当たり8時間
=
週5日のうち
丸1日を費やす計算
別のリーダーと
2人で分担する
これで
時間問題は
解決するが…

そこで、1人当たりの時間を30分に短縮することで問題を解決しようとしました。

これで週当たりの時間のうち2割の8時間ではなく、1割程度の4時間になります。

ところが8人の「時間の調整が難しい」という問題は残ったままです。

8人全員とのスケジュール調整は容易ではありません。

リーダー、メンバーそれぞれが忙しいので、1on1のリスケジュールによる再調整が起きます。すると1on1の時間の長短にかかわらず調整がつかず、毎週実施するはずの1on1が流れてしまったりします。

では、1人で8人に対応するのが大変なので、別のリーダーと2人で分担する解決策を考えてみます。これはうまくいく可能性が高いです。時間問題は解決します。

この場合、2人のリーダー同士での情報交換の時間が発生しますが、これは大した問題ではありません。

ところが、この「❶時間問題」を解決しても、次の「❷相性問題」「❸能力問題」が多くのケースで発生するのです。

現在のＯＪＴの問題点❷ 相性問題

相性問題とは、まさに **1on1 を行うリーダーとメンバーの相性の問題**です。

毎週1時間（あるいは30分）、定期的に時間を確保するのです。相性がよければ、その時間になるのが楽しみです。**ところが逆に相性が悪いと、その時間は最悪です。**

「仕事なんだから相性なんて関係ない」と思う方もいるかもしれません。

しかし、それは強者の理論かもしれません。あなたにとってはさほど気にするべき問題ではないのかもしれませんが、多くの人が職場の人間関係で悩んでいます。

私が体験した「最悪の相性問題」のケース

1on1 ではありませんが、私も30年前にＯＪＴの指導先輩社員との人間関係で悩んだ経験があります。今から考えると、先輩社員の手もかなり煩《わずら》わせたと反省しています。

新入社員であった私は毎日日報を書くように指導されていました。当時は紙の日報を書いていました。私が日報を書くと先輩社員が赤字でコメントを入れてくれるという仕組みです。

ある日のことです。

私はその日報に**「ペントラの難Sのм社様の対応をしました」**と記載しました。

当時の社内用語を使って日報を書いたのです。

「ペントラ」は組織の略語で、「ペンディングトラブル（解決しないトラブル）」のこと。「難S（なんえす）」は対応が難しいスポンサーつまり顧客のことです。

「ペントラの難S」とは、「解決しないトラブルを抱えた対応が難しい顧客」の対応をしましたという報告でした。

日常的な報告というよりも、どちらかというと、そのような難しい顧客の対応を新人の私が滞りなく対応したことを少し誇らしげに書いた記憶があります。

厳しい先輩だったので、褒めてくれるとは思いませんでしたが、次のような赤字を書かれるとは想像もしませんでした。

「顧客のことを難Sとは何様だ！」

えーーーーーー！

青天の霹靂《へきれき》とはまさにこのようなことです。先輩社員でしたが、腹が立ったので翌日の日報に次のようなコメントを書きました。

「新人の私が『難S』などという言葉を作るわけはありません。先輩のみなさんが使っているから新人の私が使っているのです。もし『顧客のことを難Sとは何様だ！』と言うのであれば、ぜひ諸先輩方にも同じように伝えてください」

今から考えると、直接会って話せばよかったです。先輩社員ということもあり、怖かったのかもしれません。直接会うと、言い負かされると思ったのかもしれません。

仕事を勝ち負けだと思っている段階で、かなりイケてない新人ですね。

もちろん、色々葛藤はありました。悩むなら書かなければ良いのですが、腹が立ったので書いてしまいました。若気の至りです。

それに対して、先輩社員の赤字は、次のような一文でした。

「評論家のようですね」

それから冷戦勃発です。私たち2人は全く話をしなくなりました。

前述のように4月に新卒入社した私は、最初の6か月、東京で計画的な研修を受講しました。ですので、この出来事は10月か11月の話です。

しばらくは何もなかったのですが、その後、先輩社員の中で騒ぎになったようです。指導先輩社員と新人が直接話をせずに、日報だけでコミュニケーションをしているのです。しかも、かなり表面的な会話なのです。

この冷戦は解決せずに、あっけなく終わりを迎えました。

リクルート事件が起きた翌年だったということもあり、全社で営業を強化するという動きがありました。非営業職の中で、少しでも営業ができそうなメンバーがピックアップされ、営業部門に異動になったのです。私もその対象に選ばれ、別事業部門の営業職として異動が決まりました。

私の異動により、この冷戦はうやむやのまま終わってしまいました。

指導先輩社員と私のこのケースは特殊かもしれません。そもそも1on1ではありません。

しかし、相性が悪いとこのようなケースも起きかねないのです。

そして一般的には先輩社員の方が、社内での力が強いことが多いため、結果的に新人メンバー側が排除されてしまうケースもあるでしょう。

せっかくその会社で頑張ろうと思っていた新人が、先輩社員との相性だけで、やる気をなくし、意欲を阻害されては、本人にとっても企業にとってももったいなさすぎます。

現在のOJTの問題点❸　能力問題

次は**「能力問題」**です。
これは「先輩社員側の能力問題」と「メンバー側の能力問題」に大別できます。

優秀な新人との能力のミスマッチ

まずは、**先輩社員側の能力問題**です。

先輩といっても、社会人数年目です。必ずしも完璧なわけではありません。当然です。

特に、先輩社員が、1on1のノウハウやOJTの方法論（例えば、前述の4段階育成法「やって見せる→説明する→やらせてみる→確認する」など）を教えてもらわずに実施すると、かなりの確率で新人へのOJTはうまくいきません。

人事が新人に集合研修をして、その後は現場に丸投げするケースでは、よくこのようなことが起きがちです。人事から投げられた組織長が、若手社員に丸投げするのです。丸投げの連鎖です。

最近の新人はとても優秀です。

特に学生時代に起業したりしている人たちもたくさんいます。起業まではしていなくても自分でプログラムを組む、あるいはSNSで情報発信している人たちもたくさんいます。様々な場面でプレゼンテーションする機会も少なくありません。

結果、特定分野では先輩社員よりも優秀なケースも少なくありません。

しかし、先輩社員は、先輩として指導しないといけないわけです。新人の立場からすると、ある分野ではその先輩から学ぶところはないケースも出てくるわけです。

もちろん他の部分では優れたところがあるかもしれません。しかし、必要な能力にミスマッチが起きているのです。結果、OJTが機能しないのです。

新人の能力に問題があるケース

「能力問題」は、先輩社員にだけあるのではありません。新人メンバー側にもあります。

メンバーの能力が低い場合です。

もちろん、一般的に先輩と比較して、新人の能力が低くてもそれは仕方ありません。

ただし、一部の新人は、今すぐ能力開発しなくてよい、あるいは自分にはできないと考えがちです。

特に1on1では、比較する対象が先輩しかいないため、先輩ができるからといって、今の自分ができなくても仕方ないと思ってしまうのです。**「先輩の年数になったらできるようになるだろう」と安易に考えてしまいます。結果、新人は自分の能力不足を自覚しづらくなります。**

つまり、現状のＯＪＴでは、時間、相性の問題に加えて、この「能力のミスマッチ」が起きる可能性があるのです。しかも1on1の場合、一度組み合わせを決めると、変更するのに手間がかかります。当初から変更前提で計画をしていたら話は別ですが、必ずしもそうではありません。

時間、相性、能力の3つの問題が輻輳《ふくそう》的に絡み合い、解決が難しいのです。

現在のＯＪＴの問題点❹ 形骸化問題

時間、相性、能力問題が絡み合って、1on1は、結果として形骸化していくことがあります。形骸化の典型パターンは、いわゆる雑談をして終わりというもの。もう1つは、実施頻度を「1週間に一度から月に一度」と頻度を少なくすることで、体裁だけ保つケースです。

その際に、1on1の情報を1か所で収集していると問題を発覚させることができます。先ほどの私の新人時代の日報のように、定期的に先輩社員の上司や人事がチェックするような仕組みです。

私のケースでも、私と先輩社員の関係がおかしいと気づいた部長が課長に確認をして、日報の中身を読み、発覚したのです。

しかし、1on1を口頭だけで実施していると発覚が遅れてしまいます。また記録は残していても、例えば1on1の報告書を書くケースでも、内容によっては問題が発覚しないケースもあります。

例えば、報告内容が形式的な場合です。「○月○日何時から××と1on1実施。内容は1週間の振り返り、アドバイスなど」といったケースです。このような内容では、報告する意味もありませんし、問題も発覚しません。

こうした様々な理由が絡み合って、せっかくの素晴らしい1on1が形骸化していくのです。本当に残念です。

こうした「1on1の形骸化」を解決する手法として本書で解説するのが、後述するグループコーチング（GC）を活用した、OJTを再発明したマネジメント手法です。

本題に入る前に、次章ではOJTをレベルアップさせるためのいくつかのナレッジを共有したいと思います。

第3章

今日から始められるOJTレベルアップ

歩きながら職場の問題の兆しをキャッチする「ウォークアラウンド」

ここまでOJTの現状、そして1on1によるOJTの進化を確認しました。1on1の導入によってOJTは進化しているのですが、❶時間問題、❷相性問題、❸能力問題、❹形骸化問題が課題として残っている点を確認しました。

一方、Tips的には、効果的なOJT手法もたくさんあります。これらを参考に導入するだけでも、OJTはレベルアップします。いくつか紹介しましょう。

定期的に職場を観察して「変化」に気づく

みなさんの職場に、よくメンバーに声をかけているリーダーや上司っていませんか？フロアを歩きながら、色々な人に声をかけている人です。

一見、雑談をしているように見えますが、よく見ると、困っている人に声をかけています。雑談のように見えて、アドバイスをしているのです。あるいは、困っている人のところに別の人を呼んで、3人で話をしだして、解決してしまったりします。

新しく入った人に声をかけたり、元気がない人を励ましたりもします。

これは**「ウォークアラウンド」**という立派なOJTマネジメント手法の1つです。

従来のOJTで有効な方法は、こうした面倒見のいいリーダーや上司のように、組織の弱いところを見つけて、適切なアドバイスをすることなのです。

ウォークアラウンドのポイントは3つあります。「❶現状把握」「❷解釈」「❸介入」です。

それぞれのポイントを説明しましょう。

まずは「❶現状把握」する

最初に行うのが「❶現状把握」です。重要なのは、職場で起こっている変化を把握することです。そのためには、思いつきで「現状把握」するのではなく、定期的に「現状把握」することが必要です。**定期的に職場を眺めていると「変化」に気づきます。**

例えば、いつも外回りをしている営業担当が内勤している。あるいは、いつも元気そうな内勤メンバーの表情が優れない。逆に嬉しそうな顔をしている。

定期的に職場を見ているからこそ気づく変化があるのです。

» 「❶現状把握」したら「❷解釈」をする

変化に気づいたら、その変化があった人、場所で何が起きているのか「❷解釈」をします。その際には、**見ている事実に加えて、様々な情報を総動員することが重要です。**

外回りをしていた営業が内勤しているのは、例えば、先日大きな商談があると言っていたので企画を練っているのかもしれません。逆に大きな失敗をしたので、営業計画を再考しているのかもしれません。

今見えている「現状把握」に加えて、様々な事実、経験、勘を組み合わせて「解釈」をしていくわけです。

» 最後にすべきは「❸介入」

「❷解釈」ができたら、次は「❸介入」です。

「介入」の意味を調べると「当事者以外の者が入り込むこと。争いやもめごとなどの間に入って干渉すること」とあります。「入り込む」とか「干渉する」とか、相手が望んでいないことをする行為という意味です。

ウォークアラウンドでは、変化が起きている人に対して声をかけます。これは、相手にとっては、大きなお世話の可能性がある〝「介入」だという意識を持つべきだと考え、この「介入」という言葉を使っています。

声をかける対象者は、上司や先輩が声をかけるその瞬間、何か仕事をしています。少なくとも彼らは声をかけられたことで、仕事を中断するわけです。あなたの存在は邪魔であり、迷惑なのです。そのことを理解したうえで「介入」すべきだと言いたいのです。

ここで「介入」といってもピンとこない人に1つ事例を紹介しましょう。

あるコールセンターの事例です。

昼休みに、メンバーだけでランチを食べた場合と、そこに年齢が離れた年上のリーダーが参加した場合を比較したところ、午後の生産性に違いが起きたのです。

コールセンターは、従業員の様々なデータが取れます。顧客満足度、顧客の問題解決度、平均応答時間などです。これらにより生産性を数値化しやすいのです。

さて、どちらのケースが生産性を下げたでしょうか。答えは後者です。メンバー同士がランチ

図6　ウォークアラウンドの3段階

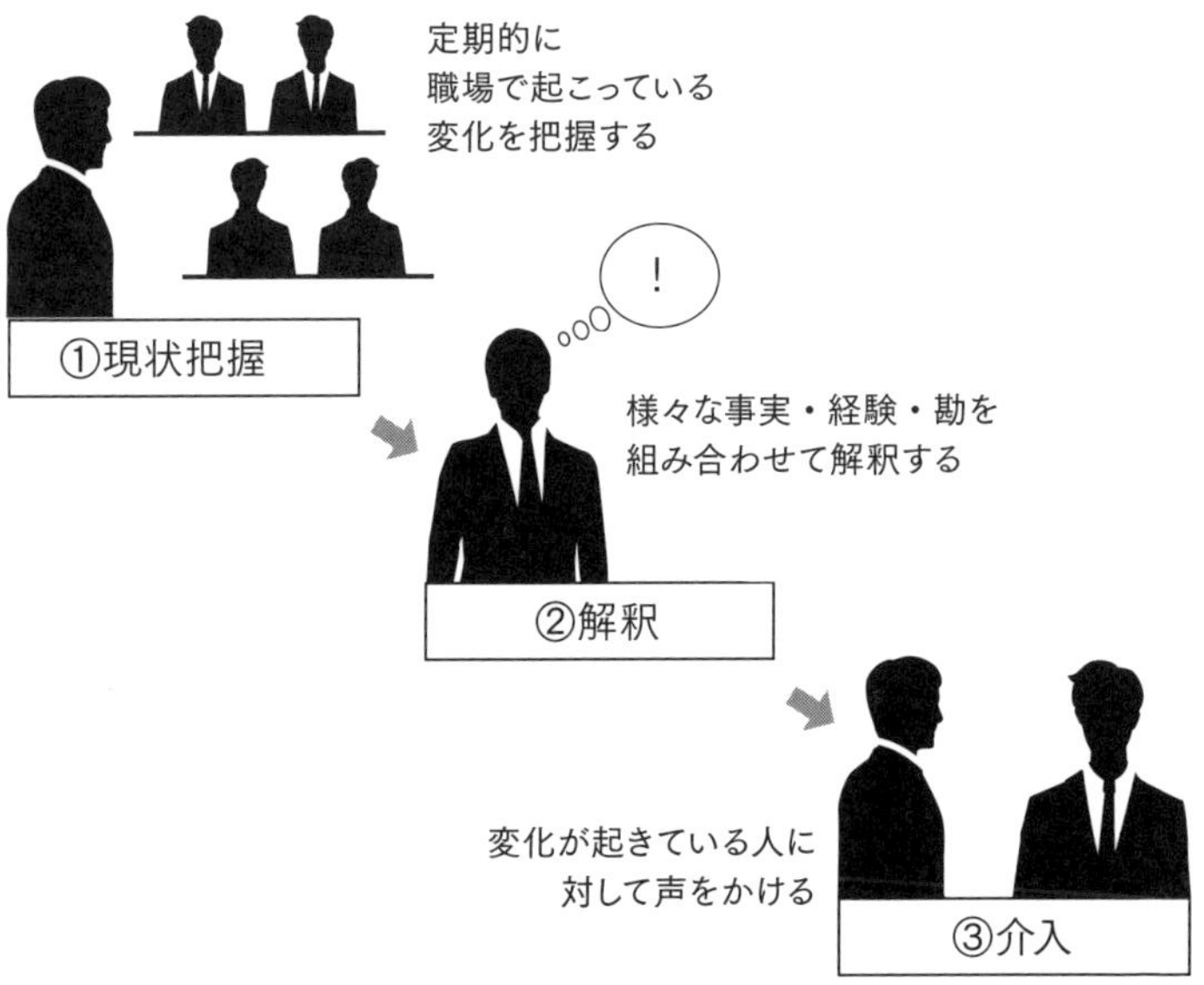
定期的に
職場で起こっている
変化を把握する
①現状把握
!
様々な事実・経験・勘を
組み合わせて解釈する
②解釈
変化が起きている人に
対して声をかける
③介入

を食べているところに年齢が異なるリーダーが参加すると、コールセンターのメンバーの生産性が下がったのです。悲しい現実ですが、これが「介入」です。

この「ウォークアラウンド」ですが、無自覚にやっている人はたくさんいます。また、特にこのようなポイントを知らなくても、天性の才能でできる人もいます。

ところが、こうしたコミュニケーションが苦手な人も少なくありません。メンバーと雑談だけして、盛り上がって終わりの人などがその典型的なパターンです。

そのような方も、上記の❶〜❸のポイントを押さえて実施できれば、「ウォークアラウンド」をきっかけにしたＯＪＴができる可能性が高まります。

仮説検証型ウォークアラウンド

前節で紹介したウォークアラウンドをさらに洗練できないかと、私はリクルート時代に取り組んだことがあります。

それが**「仮説検証型ウォークアラウンド」**とでも呼べる方法です。

ウォークアラウンドが成立する条件は、メンバーが同一あるいは頻繁に行ける距離のオフィスにいることが前提です。その条件を満たしている場合、「ウォークアラウンド」して定期的な変化を把握できるからです。

ところが私がリクルート在籍時代にスーモカウンターを担当していた時は、この条件を満たしていませんでした。全国30か所以上に勤務地が分散していたのです。

つまり、通常のウォークアラウンドが成立しません。そこで私が発明したのが「仮説検証型ウォークアラウンド」でした。このＯＪＴ手法とメンバーの努力も加わり、担当していた6年間で売上30倍、店舗数12倍、従業員数5倍と、業績拡大と生産性向上を両立しました。
その手法を紹介しましょう。

仮説検証型ウォークアラウンドのステップ

ステップはウォークアラウンドと同じです。

❶現状把握→❷解釈→❸介入です。しかし、現状把握する情報源が異なります。ウォークアラウンドでの「❶現状把握」は、オフィスを見渡して、そこからの視覚情報と自分自身が把握している情報を組み合わせて、現状把握を行います。

しかし、**「仮説検証型ウォークアラウンド」では、場所が離れているので視覚情報に頼ることができません。定量データと定性データを組み合わせて、仮説立案をし、訪問すべき店舗を決定するプロセスを取ります。**

私自身は、必ず週に1日は店舗を訪問することをしていました。週5日勤務とすれば、週全体の20%の時間を費やすわけです。必要ではない店舗を訪問するわけにはいきません。効率的に訪問すべき店舗を見つけ出し、店舗訪問をする必要があったのです。

「❶現状把握」「❷解釈」「❸介入」の方法

具体的な「❶現状把握」の手順は次の通りです。

まずは**定量データ**です。毎週、店舗と個人の数値を把握します。そして、変化に着目します。ハイパフォーマーの数値が悪くなった。あるいは、ミドルパフォーマーの数値が良くなったというような変化です。それが個人だけなのか、店舗全体で起きているのかを数値で把握します。数値の変化が起きている店舗が訪問対象となります。これらの数値の変化を見ることで、店で起きている仮説を作ることができます。

次に**定性データ**です。各店舗の毎週実施している「店会」のアジェンダと議事メモ（簡易な議事録）をイントラネット上（現在のクラウド）に掲示してもらっていました。これを見ると、全体戦略をメンバーにどのように伝えているのか、あるいはきちんと伝えていないのかが把握できます。

独自の活動をしていることも把握できます。先ほどの定量情報から作った仮説にこれらの定性情報を加えることで、店で起きている仮説を強化できるのです。

これらにより「❷解釈」をし、訪問店舗を絞り込みます。

そして、その解釈が正しいのかを店舗訪問で確認します。「❸介入」です。

訪問店舗と確認すべきメンバーが上述の定量データと定性情報により絞り込めています。そのメンバーの空き時間をスケジューラで確認をして、店舗の訪問計画を作成します。

そして店舗訪問でのメンバー、店長との面談（1on1）を通じて、その店舗だけにOJTしてアドバイスすればよい話なのか、組織全体に展開できるテーマなのかを判断します。

後者である場合は、店長の全体会議で事例共有し、事業全体で実行できるようにしていました。

私にとって、この「仮説検証型ウォークアラウンド」は、単純なOJTではなく、組織で何が起きているかを「見える化」するための重要な手法でした。

この仮説検証型ウォークアラウンドは、現在のようなリモートワークでの仕事環境下で有効なOJTの1つでもあります。活用する際には、足を運ぶのではなく、ZOOMなどで1on1すればよいのです。ZOOMなどのテクノロジーを活用した仮説検証型ウォークアラウンドといえます。

68ページの図7を見て手順を確認しましょう。本社、本部、あるいはマネジメント層の人が「❶現状把握」します。定量データと定性データにより、メンバーの状況を想像するのです。そして、それらから「❷解釈」をします。メンバーの状況を類推し仮説を作ります。

これら❶と❷により、ＺＯＯＭなどで1on1をすべきメンバーの優先順位がつきます。そして最後は「❸介入」です。仮説を確認します。確認内容を他のメンバーへ展開するなどして、組織運営に反映するのです。

このような環境下になり、ＺＯＯＭなどを活用した「仮説検証型ウォークアラウンド」の活用範囲は、ほぼすべての業種、業態に広がっています。

図7　仮説検証型ウォークアラウンド

ベル研究所の仕掛け

リクルートテクノロジーズを担当した際に、同社のR&D部門をどうすればさらに成果が上げられるか、様々な研究所を調べたことがあります。

その当時に調べた研究所の1つがベル研究所でした。

ベル研究所は現存せず、AT&T研究所になっていますが、ベル研究所が存在した当時は、多数のノーベル賞受賞者を輩出する世界最高の研究施設でした。

自然とウォークアラウンドする仕掛け

そこでは、研究者全員が自然とウォークアラウンドするような仕掛けを作っていました。

偶然の出会いを生み出して、相互にコラボレーションする仕組みです。

聞いてみると簡単です。

食堂に行く際の廊下に工夫をしていたそうです。いくつものコーナーやカーブがあり、立ち話をする。あるいは少し話ができる座席スペースがあったのです。そこで偶然会った人たちが話をし始め、一緒に対話、議論を始めたそうです。

余談ですが、当時のベル研究所のトップは親会社から研究内容の説明を求められた際にきちんと対応しなかったというエピソードが残っています。

最先端の研究内容が分からない人に、それを理解させるのは意味がないこと、加えて、経営陣が生半可な知識で現場に介入することを阻止することが目的だったそうです。

その研究所長のもと、研究者たちは、自分の興味関心のままに研究を行っていたそうです。それによって多数のノーベル賞受賞者を生み出せたのです。

私もリクルートテクノロジーズ時代、本社のCEOにこのエピソードを話しました。

CEOは笑いながら、「分かった。任せる。何も報告しなくていい」と言ってくれました。そのおかげで、同社のR&D部門は、リクルートグループの技術革新に貢献する多数の研究開発に成功しました。

やはり、本人たちがやりたいことをやっているときに、最大の成果が出るのですね。

メンバーの段取り力を上げるＯＪＴ手法

私は中尾塾という経営者塾をしています。その際にある塾生（経営者）から「メンバーに依頼していた中間報告を先延ばしにされて困っている」という話を聞きました。納期を遅らせるメンバー自体も困りものなのですが、次のような方法で防げるなと思いました。

本人に「仕事の段取り」を考えてもらう

戦略コンサルティングファームの社長とＯＪＴマネジメントの話をした際に伺った話です。戦略コンサルティングファームは、顧客に高額なコンサルティング費用を請求します。その代わり短時間で高い成果を提供することにコミットしています。

したがって、数日間の無駄な作業が致命的になることがあります。そうした事態を防ぐために、その会社のプロジェクトマネジャーが必ず実施している方法があります。

それは、プロジェクトマネジャーが、メンバーに仕事を依頼する際に、（経験年数にかかわらず）つぎのようなステップでＯＪＴマネジメントをするそうです。

❶仕事を依頼する
❷メンバーに、すぐに30分間、その仕事の段取りを考えるように依頼する
❸30分後に30分間、メンバーと仕事の段取りの確認をする
❹その段取りに対してアドバイス、指示を行う

これは、きわめて汎用性の高いＯＪＴマネジメント手法です。まさに仕事を通じたトレーニングをしています。

特に❷が秀逸です。一度メンバーに仕事の段取りを自分で考えさせています。仕事を依頼する際に、その段取りまで指示する場合があります。その方がメンバーは、すぐに作業に取り掛かれます。場合によってはその方が効率的なケースもあるかもしれません。

しかし、そこをグッとこらえて、メンバー自身が考える時間を取るのです。これを繰り返せば、メンバーの仕事の段取り力は間違いなく向上します。まさに有効なＯＪＴです。

図8　メンバーの段取り力を鍛えるために有効なOJT

①仕事を依頼する

②30分間メンバーに仕事の段取りを考えてもらう

③30分後にメンバーと仕事の段取りの確認をする（30分間）

④最後にアドバイス・指示を行う

そして、その直後に30分のミーティングで、メンバーの仕事の段取りを「現状把握」します。この社長が言うには、以前は、2～3日後に中間レビューをしていたそうです。ところが、かなりの確率で、間違った方向に進んでいるケースがあったそうです。

戦略コンサルティングファームでは、前述のように短期間、例えば2週間程度ごとに何らかのアウトプットを出す必要があります。2週間は営業日で10日です。2日のロスは取り返しがつかないのです。

そのロスを防ぐために、この**依頼直後のレビューによる「現状把握」**が効果的なのです。この依頼直後のレビューはステップが標準化されているので、どんな業種でも活用できそうです。

先のことを考えると、不安になる…
"人生100年時代"の今だからこそ、
生涯使えるスキルを手にしたい…

そんな今の時代だからこそ、
フォレスト出版の人気講師が提供する
叡智に触れ、なにものにも束縛されない
本当の自由を手にしましょう。

フォレスト出版は勇気と知恵が湧く実践的な情報を、
驚きと感動であなたにお伝えします。

まずは無料ダウンロード
▼
http://frstp.jp/sgx

フォレスト出版人気講師が提供する叡智に触れ、固定概念にとらわれず、経済的束縛をされない本物の自由を手にしてください。

まずはこの小さな小冊子を手にとっていただき、
誠にありがとうございます。

“人生100年時代”と言われるこの時代、
今まで以上にマスコミも、経済も、政治も、
人間関係も、何も信じられない時代になってきています。

フォレスト出版は
「勇気と知恵が湧く実践的な情報を、驚きと感動でお伝えする」
ことをミッションとして、1996年に創業しました。

今のこんな時代だからこそ、そして私たちだからこそ
あなたに提供できる“本物の情報”があります。

数多くの方の人生を変えてきた、フォレスト出版の
人気講師から、今の時代だからこそ知ってほしい
【本物の情報】を無料プレゼントいたします。

5分だけでもかまいません。
私たちが自信をもってお届けする本物の情報を体験してください。

著者との裏話や制作秘話、最新書籍を紹介！
お得なキャンペーン情報も！

フォレスト出版公式 SNS

よく利用するSNSで、ぜひフォローしてください♪

Facebook	Twitter	Instagram	Youtube
「フォレスト出版」を検索	「@forest_pub」を検索	「forest_publishing_gallery」を検索	「forestpub1」を検索
http://frstp.jp/fb	http://frstp.jp/tw	http://frstp.jp/insta	http://frstp.jp/yt

もしくは上記URLにアクセスでフォローできます

市村よしなり氏

年収を10倍にするマインドセット（PDF）

あなたは年収を10倍にしたいですか?

年収が10倍になれば、ずっと欲しい、やりたいと思っていたものを全て手に入れることができます。

ただ『年収を今より2倍、3倍にするのも難しい』。

そう思っていませんか?

数々の経営者、個人事業主が教えを請う市村先生が『年収を10倍にするマインドセット』を公開します!

今井澂氏

6分類で考える個別株投資の分析手法
〜ウラ読み特別版〜（MP3）

投資初心者へ向けて解説!
個別株を6種類に分類し、それぞれに対する分析を解説。
個別株を分析して、2番底の安値で優良株を仕入れましょう!

久野和禎氏

一流のリーダーが必ず身につけている
リーダーシップの極意とは?（動画）

認知科学を土台として生み出されたゴールドビジョン®メソッドのリーダーシップ版が登場!

- 卓越したリーダーの性質
- リーダーの拠り所
- リーダーが実際に行うこと
- 確実に成果を生む仕組み

などなど、リーダーとして成功するために具体的に身につけているべき考え方／技術を解説していきます!

横山信弘氏

ロジカルトーク3メソッド（動画）

「伝えたいことがうまく伝わっていない…」
「部下が思うように動いてくれない…」

あなたはこのように思ったことがありませんか?

相手との話を噛み合わせ、相手を動かすためのトークメソッドを"絶対達成"コンサルタントがあなたへ伝授します!

Present

この本をお取りいただいたあなたへ
フォレスト出版の叡智を無料プレゼント

フォレスト出版人気講師があなたの人生を変える、
極上のコンテンツを提供

Secret Gift

市村よしなり氏
年収を10倍にするマインドセット（PDF）

今井澂氏
6分類で考える個別株投資の分析手法
～ウラ読み特別版～（MP3）

久野和禎氏
一流のリーダーが必ず身につけている
リーダーシップの極意とは?（動画）

横山信弘氏
ロジカルトーク3メソッド（動画）

その他、フォレスト出版が誇る人気講師が登場予定!

今すぐアクセスしてコンテンツを手に入れる

http://frstp.jp/sgx

Ｏｆｆ－ＪＴの問題点

最後にＯｆｆ－ＪＴの問題について触れておきます。

私はリクルート時代に研修いわゆるＯｆｆ－ＪＴを扱うリクルートマネジメントソリューションズで、マーケティングの責任者を2年間していた経験があります。その当時、商品・サービスの販促、価格改定、そして再編などを担当していました。

私自身は、従業員の育成は極めて有効だという立場です。育成は重要なのですが、現在の現場丸投げのＯＪＴと昔ながらのＯｆｆ－ＪＴ（研修）には違和感があります。

一般的に研修は、**「階層別研修」**と**「スキル研修」**に大別されます。

前者はいわゆる「新人」「中堅社員」「リーダー」「管理職」「幹部」などの階層別に、各レベルに必要なスキルやノウハウを習得する研修です。一方の「スキル研修」は、特定の業務スキル、例えば「営業」「コンプライアンス」「ハラスメント」などを学ぶことです。

各研修会社がコンテンツを練り、優れた内容のものも少なくありません。

しかし、それでも違和感があるのです。

一つは、**受講者は一律ではないのに、一律のコンテンツを習得させる集合研修という形式が主流**だということです。

もう一つは、**効果が不明確な点**です。受講者の満足度と研修トレーナーの評価などがフィードバックされます。例えばカーク・パトリックの4段階評価などでさえ、データ取得が困難であることなどを理由に、まったく進化していないように感じるのです。

Ｏｆｆ－ＪＴは、より個別に、そしてより実業務推進に活用できないと、その意味がなくなっていくと思います。テクノロジーの進化で、それが以前よりも可能性が高まっていると感じています。

これから詳しく解説するＯＪＴを再発明した「Ｇ－ＰＯＰマネジメント」では、完全ではありませんが、様々なツールを活用することで、より必要なスキルを明確にし、実業務の推進に寄与できる仕組みになっています。

そして、実際、たくさんの参加者の実業務への寄与を実現できています。

第4章

OJTの目的は自律自転する組織を創ること

「業績を上げ続ける」に隠された重要な意味

私は、企業・組織が「業績を上げ続ける」ためには、「自律自転する組織」が適していて、それを実現するための有効なマネジメント手法を追求しています。

「業績を上げる」ではなく**「業績を上げ続ける」**としているのには大きな理由があります。短期的に業績を上げることを目的とするのではなく、長期的に上げ続けることを志向している企業・組織に役立つマネジメントだということを意味しています。

短期的に業績を上げるのも決して容易ではありません。しかし、短期に業績を上げるだけであれば、何かを犠牲にして実現することも不可能ではありません。

例えば、従業員に長時間労働を強いる。あるいは低賃金で就業を強いるなどといった犠牲により利益を確保することも可能です。

取引先へ根拠のない値引きを要求する。あるいは、商品・サービスの品質を落とすことでも利益確保は可能です。極端なケースでは、決算数値を粉飾して、株主や金融機関をだますことで見かけの利益を増やすこともできるかもしれません。

しかし、このようなことをしていては、「業績を上げ続ける」ことはできません。

長期的に「業績を上げ続ける」ためには、すべての関係者に満足してもらわないと実現できないのです。

このことを考えさせられるきっかけとなった「リクルートの成長仮説」

私がこれに気づいたのは2000年ごろのことです。当時、私はリクルートのHR部門（現在ではリクナビやタウンワークなどの求人メディアを扱う部署）で企画マネジャーをしていました。担当HR事業の業績を安定的に向上させる方法論を研究していました。

当時、リクルートは、自社およびリクルート以外、すべての紙メディアの求人掲載の実績情報をデータベース化していました。そして、そのデータ分析をするのが私のミッションの1つでした。私は、その掲載実績のデータ分析をしている中で次のような事実に気づきました。

◎企業は、最初にリクルートの求人メディアを利用すると次もリクルートを利用する。

◎企業は、最初に他社の求人メディアを利用すると次も他社のメディアを利用する。
◎スイッチ（リクルート利用から他社利用。もしくはその逆）は想定ほど起きない。

言われてみれば、そうだろうという話です。求人メディアに広告を掲載して、採用ができれば、それを変える必要がありません。
また企業の求人ニーズは突発で起きることが少なくありません。そうすると前回利用した求人メディアの担当営業に連絡するケースが多いでしょう。そして、前回の求人広告の原稿の一部を修正して掲載するわけです。
そこで私は次のような成長仮説を立てました。

「成長する企業が最初に求人する際に、リクルートの求人メディアを選んでもらえれば、次もリクルートを選んでもらえる。結果、リクルートの業績を向上させることができる」

つまり、成長する企業を見つければ良いわけです。そして、そこに重点的に営業活動を行えば良いのです。成長企業では求人ニーズが旺盛です。しかも一度リクルートの求人メディアを使うと、リピート利用してくれることはデータ分析から分かっています。

問題は**「成長する企業の見つけ方」**です。

「成長し続ける企業」に共通していたあること

前述のように、リクルートには求人情報掲載のデータベースがありました。どの企業がどの求人メディアに掲載しているのかのデータベースです。

しかし、そのデータベースにある企業は、すでに何らかの求人メディアで求人活動を開始しています。それでは遅いのです。求人活動をする前に、「成長する企業を見つける」ことが必要でした。

そこで、成長する企業を目利きしている人たちとネットワークを作れないか考えました。例えばベンチャーキャピタル、銀行の投資部門、当時はナスダック・ジャパンが設立されるタイミングでしたので、その事務局、通産省（現・経済産業省）のベンチャー支援部署といったイメージです。

どの組織も成長する企業を支援したい。しかし、求人関係のノウハウを保有しているところはありませんでした。当時のリクルートはそれらの会社への投資は行っていなかったので、それらの組織とリクルートとの補完関係が成立し、どの企業、組織も友好的でした。

そして、各社が注目しているスタートアップ企業を教えてもらいました。合計で100社ピックアップして、私はすべての会社の経営者にインタビューをしました。そして最後に次の質問をぶつけてみました。

「企業は誰のものだと考えていますか？」

当時、企業は株主のものか、顧客のものか、従業員のものかといった議論があったからです。ほとんどの経営者は、株主、顧客、従業員のどれかを選びました。

ところが、数社の経営者だけが**「そもそも質問がおかしい。すべての関係者に満足を提供できなければ、うまくいくわけがない」**と回答したのです。加えて「もちろん、その状況によって優先順位が変わることはある。ただ、誰かに不満足（あるいは犠牲）を強いてはうまくいくはずがない」と言うのです。

「なるほど！」と納得感が高かったのを覚えています。

しかし、話はここで終わりません。スタートアップ企業が継続的にうまくいく可能性はとても低いのです。ですので、ピックアップした100社の大半の企業のその後は大成長とまではいきませんでした。

図9　Satisfaction from All Stakeholders（SAS）

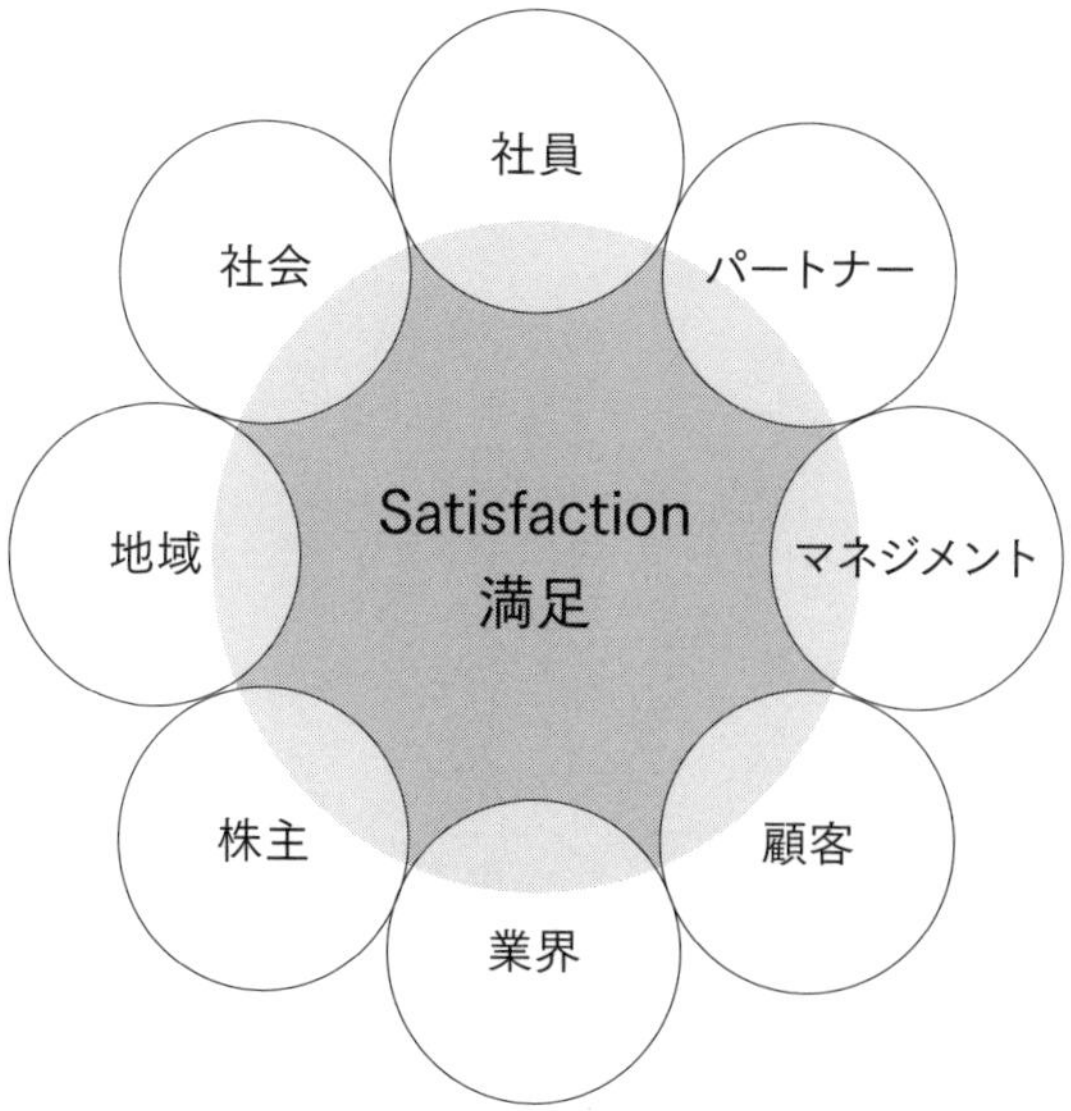

ところが、数年後に成長していた企業数社を確認すると「すべての関係者の満足が重要」と回答した経営者の会社だったのです。

「すべての関係者の満足」と「企業の成長」に強い相関があったのです。因果関係があるのかどうかは統計的に確認していません。ただ、おそらく因果関係もありそうです。

それ以降、私自身、自分が担当する会社・組織では5S（5つの主要ステークホルダーの満足＝Satisfaction）を唱えてマネジメントをするようになりました。現在では、5つをもっと広げてSAS(Satisfaction from All Stakeholders)と言っています。

「業績を上げ続けること」がなぜ必要なのか？

そもそも「業績を上げ続ける」ことそのものが必要なのかと、疑問に持つ方がいるかもしれません。業績を上げるには、儲けなくてはいけません。日本では儲けることは悪であり、より安く顧客に提供することが正義であるという考えの方が少なからずいるように感じています。

私自身、業績を上げ続けることはとても大事だと考えています。それについて説明しましょう。**企業にとって最も重要なことは「存続すること（Going Concern）」です。つまり、ひとたび会社や事業を始めたら「継続し続けなければいけない」ということです。**

それはどうしてでしょうか？

企業がサービスや製品を顧客に提供します。企業は顧客に対して責任を負っています。どのような責任かというと、分かりやすいところでは、問い合わせに回答する責任、不具合に対応する責任、新しいサービス・製品を開発する責任などです。

資金の融資を受けているのであれば、返済する責任、投資を受けているのであれば、リターンをつくり出す責任などもそうです。従業員がいるのであれば雇用の責任もあります。取引先の債権への支払い責任もあります。

そのすべてに資金が必要なのです。優秀な従業員に継続的に働いてもらうためには、一定以上の報酬が必要です。そのためにも業績を安定的に向上させることが必要です。業績を上げ続けないと、関係者の満足どころか、不幸せにしてしまうのです。

ですので、**「業績を上げ続けること」は極めて重要**だと考えています。

業績を上げ続けられないと、結果、その事業を縮小、停止することになり、関係者の誰かの不満を作ることになります。それではＳＡＳは実現できません。

自律自転する組織の必要性

業績を上げ続けることを実現するためには、私は「自律自転する組織」が求められていると考えています。当たり前ですが、「業績を上げ続ける」ために必ずしも「自律自転する組織」が必要なわけではありません。例えば、優秀なリーダーがいて、そのリーダーの指揮・命令のもと、現場が動き、業績を上げ続ける企業もあるかもしれません。

「業績を上げ続ける方法」は他にもたくさんあると思います。

ＥＭＳ（エッセンシャル・マネジメント・スクール）の西條剛央さんから学んだことの１つに「方法の原理」というものがあります。方法は目的と状況に応じて変化するということです。

「業績を上げ続ける」が目的です。しかし、企業によって状況は様々です。ですので、その状況に合わせて最適な方法を選択すればよいということです。

つまり、「業績を上げ続ける方法」には、様々な方法があります。

しかし「自律自転する組織」が最適な方法である状況が増えてきていると感じています。それは、**環境の変化**です。ブラックスワンやVUCAなどという言葉を出すまでもなく、**企業を取り巻く環境はめまぐるしく変化しています。優秀で経験豊富なリーダーであっても未経験の出来事が起き続けています。**

「一極集中・上位下達型組織」の問題点

従来の「一極集中・上位下達型組織」を考えてみます。

このような組織では、経営者や本社、本部の一部のリーダーが戦略を考えます。現場は決まったことを実行する組織です。このような役割分担では、変化への対応・判断スピードが遅くなります。例えば、現場で判断ができないので、変化の激しい現在、そのスピードの遅さが命取りになりかねません。

一方の「自律自転する組織」はどうでしょうか。

経営者は大きな方針を決めます。そして、それを実行する現場のリーダー、メンバーは、その方針を受けて、戦略、戦術を立案、実行します。その際に、現場で変化の「兆し」に気づけば、自分で考え、自分で判断をします。

変化の「兆し」は、現場でしか気づきません。この変化の「兆し」が重要なのです。

そして、現場は、その変化の「兆し」の情報を全社で共有します。たくさんの現場から集まってくる「兆し」の情報が、必要に応じて重要な経営判断の材料にもなるのです。

従来の組織は「ウォーターフォール型」

この「一極集中・上位下達型組織」と「自律自転する組織」は、システム開発における「ウォーターフォール開発」と「アジャイル開発」との対比に似ています。

「ウォーターフォール開発」とは、言葉の通り、連なる「ウォーターフォール（滝）」のように、「開発手順を1つずつ確認しながら進めていく手法」のことです。プロジェクトオーナーに丁寧なヒアリングを行い、基本設計を行い、順に詳細設計、製造、テストと次のフェーズへ進んでいきます。

ウォーターフォールの主なメリットは2つあります。

最大の利点は、プロジェクト全体のスケジュールを立てやすいことです。プロジェクトのスタートとともに要件定義をし、基本・詳細設計に取り組んでいくので、早い段階でやるべきことを明確にして計画を立てられます。もう1つの利点は、予算やSE（システムエンジニア）の手配がスムーズに行えることがあります。

主なデメリットは、❶**問題発生時に手間がかかる、**❷**事前準備に時間がかかる、**❸**成果物が出来上がるまでに時間がかかる**の3つです。

対象のシステム開発の規模が大きい場合、求める品質が高い場合に有効な方法です。

「アジャイル型」の組織体

一方の**「アジャイル開発」**とは、言葉の通りアジャイル（俊敏）に開発する方法です。「仕様や設計の変更が当然ある」という前提に立ち、厳密な仕様は決めず、おおよその仕様だけで2週間程度のイテレーション（反復）開発ごとに「実装→テスト」を繰り返し、徐々に開発を進めていく手法です。

最大のメリットは、不具合が発覚しても、手戻り工数を最小限に抑えることができる点です。仕様変更や追加にも柔軟に対応できます。

デメリットは、全体のスケジュールや進捗が把握しづらく、マネジメントのコントロールが難しいことがあります。アジャイル開発を成功させるには、優れた技術スキルに加えて、仕様変更への対応力や、コミュニケーション能力が求められます。

これからは変化に強い「アジャイル型」が望ましい

両者を比較すると、変化が少なく、大規模、堅牢、高品質の場合は「ウォーターフォール開発」、変化が多く、小規模、変更前提は「アジャイル開発」が優れていることが分かります。

未来が見通しにくく、変化を前提に試行錯誤が必要な現在では、組織もこの「アジャイル（俊敏）」が求められていることが増えてきています。

「アジャイル開発」は、2週間程度のスプリントの期間中、現場が自ら判断し開発を進めます。6人程度のチームの場合、毎朝ミーティングで状況確認やその日の計画などを共有します。

これにより困っているチームメンバーへの支援も可能となります。そして2週間に一度のショーウインドウと呼ばれるミーティングでは、プロジェクトオーナー（いわゆる発注者あるいは上司）に開発物を見せて、全員で次の2週間の開発の優先順位を確認します。

この2週間の間も、開発状況や優先順位などは、様々なツールでオープン（見える化）になっています。プロジェクトオーナーは、ショーウインドウを待たずとも、リアルタイムで確認することもできるのです。

「自律自転」とは、一人ひとりがプロとして自律しているうえに、チームで相互支援がある状態

図10　ウォーターフォール型とアジャイル型

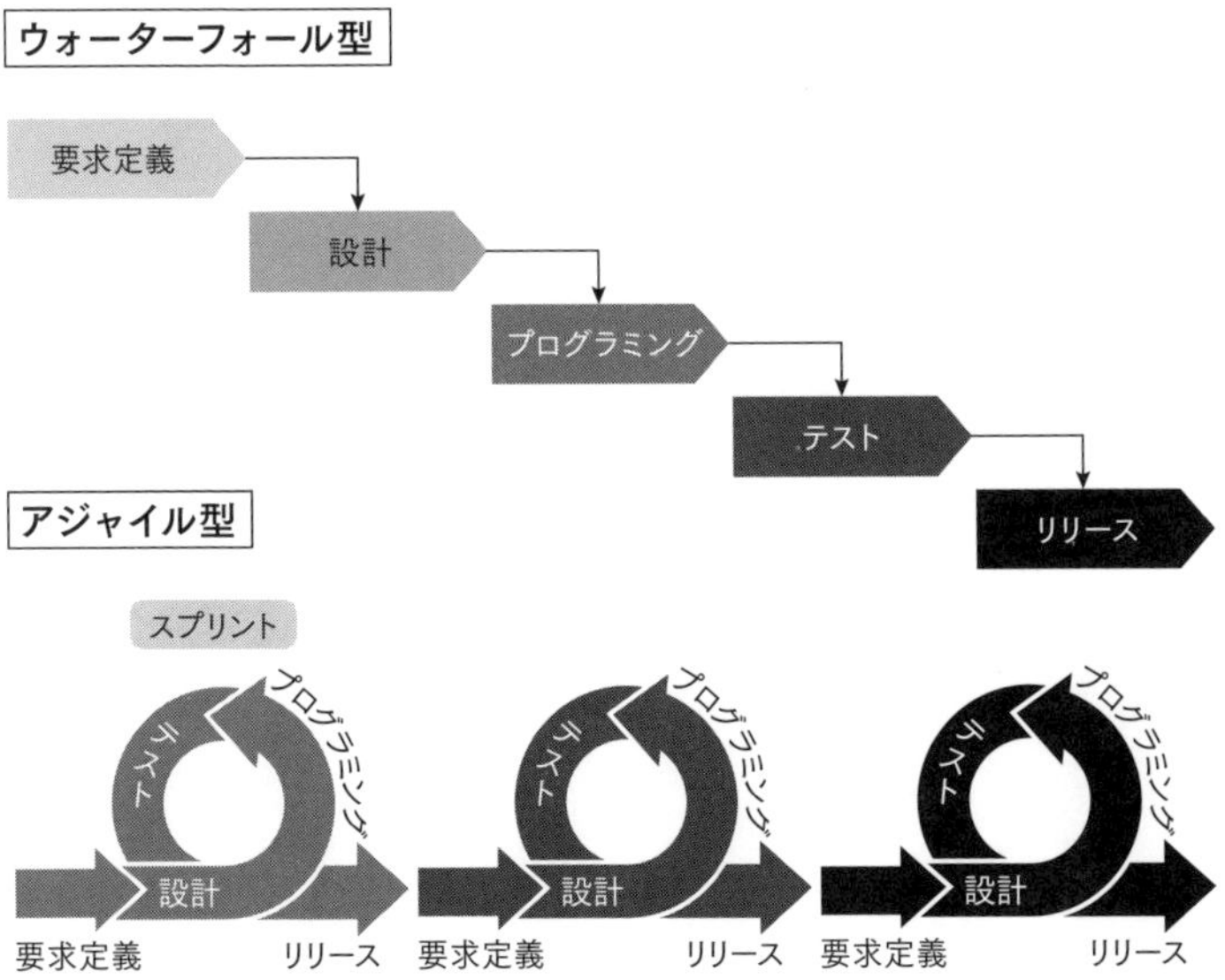

です。加えて、現場にすべての権限が移譲され、実施内容はオープン（見える化）されているのです。つまり丸投げでもなく、過干渉の管理でもないのです。

個人と組織を自律自転させるための手法「G－POP」

企業にとって最も重要なことは継続すること。そして継続するためには長期的に業績を上げ続ける必要があること。そして、「業績を上げ続ける」には、関係者全員の満足（SAS）が重要であること。それを実現する方法は、昨今の変化の大きさに対応するには、アジャイル（俊敏）な、現場、つまり「自律自転する組織」が、最適解の1つであることを説明しました。

こうした「自律自転する組織」を実現させるために私たちが開発したのが、再発明したOJTである「G－POPマネジメント」です。

G－POPマネジメントとは？

G－POPは、それぞれGoal（ゴール）、Pre（プレ）、On（オン）、Post（ポスト）の4つの単語

郵便はがき

料金受取人払郵便

牛込局承認

2000

差出有効期限
令和4年5月
31日まで

1 6 2-8 7 9 0

東京都新宿区揚場町2-18
白宝ビル5F

フォレスト出版株式会社
愛読者カード係

フリガナ お名前	年齢　　歳 性別（ 男・女 ）
ご住所　〒 ☎　（　　）　FAX　（　　）	
ご職業	役職
ご勤務先または学校名	
Eメールアドレス メールによる新刊案内をお送り致します。ご希望されない場合は空欄のままで結構です。	

フォレスト出版の情報はhttp://www.forestpub.co.jpまで!

フォレスト出版　愛読者カード

ご購読ありがとうございます。今後の出版物の資料とさせていただきますので、下記の設問にお答えください。ご協力をお願い申し上げます。

● ご購入図書名　「　　　　　　　　　　」

● お買い上げ書店名「　　　　　　　　　　」書店

● お買い求めの動機は?

1. 著者が好きだから　　2. タイトルが気に入って

3. 装丁がよかったから　　4. 人にすすめられて

5. 新聞・雑誌の広告で(掲載誌誌名　　　　　　)

6. その他(　　　　　　)

● ご購読されている新聞・雑誌・Webサイトは?

(　　　　　　)

● よく利用するSNSは?(複数回答可)

□ Facebook　□ Twitter　□ LINE　□ その他(　　　　)

● お読みになりたい著者、テーマ等を具体的にお聞かせください。

(　　　　　　)

● 本書についてのご意見・ご感想をお聞かせください。

● ご意見・ご感想をWebサイト・広告等に掲載させていただいてもよろしいでしょうか?

□ YES　□ NO　□ 匿名であればYES

あなたにあった実践的な情報満載! フォレスト出版公式サイト

ttp://www.forestpub.co.jp　フォレスト出版　検索

の頭文字を繋げた造語です。好業績を上げている個人あるいは組織（ハイパフォーマー）の実例を参考にしながら、多数の書籍からのノウハウを加えて、さらにそれを自分で実践したことで確立したマネジメントサイクルです。

Goal＝目標や計画を立案する
Pre＝ミッションアサインする（ミッションを最適な人に割り振る）
On＝ミッションを実行・修正する
Post＝振り返りを行い、成功要因、失敗要因を組織知（ナレッジ）にする

つまりGoal→Pre→On→Postという1つのサイクルを回しながら組織あるいは自分自身にナレッジをためていくマネジメントサイクルを表現しています。

ここでいう「ナレッジ」とは、成功する勘所、失敗を避ける勘所を指します。

マネジメントは確率論です。

成功する勘所や失敗を避ける勘所を知っていることで成功確率を向上させることができます。

もちろん偶然で成功することもあります。不幸により失敗することもあります。

しかし、長期的に見ると「成功確率を高め続ける個人・組織」こそが成功し続けられるのです。

ちなみに、G－POPには、「組織のG－POP」と「個人のG－POP」があります。基本的な考え方はまったく同じです。両者の関係を図示すると図11の下のようになります。つまり組織のG－POPの周りに、個人のG－POPが回り続けているということです。

G－POPマネジメントの大事なポイント

詳しくは後述しますが、G－POPマネジメントのポイントを説明しましょう。G－POPは、前述したように仕事ができるハイパフォーマー（組織・個人）に共通する仕事の進め方です。ハイパフォーマー（組織・個人）の仕事の進め方には、次のような行動が習慣化されています。

❶常にGoal（ゴール）を意識し、
❷Pre（事前準備）に時間を使い、
❸現場で相互アドバイスしながら機敏にOn（実行・修正）し、
❹実行後のPost（振り返り）から学び、成功の再現性を高める。

どれも一見当たり前に感じるかもしれません。この本を手に取ってくれたあなたはできている

図11　G-POPマネジメント

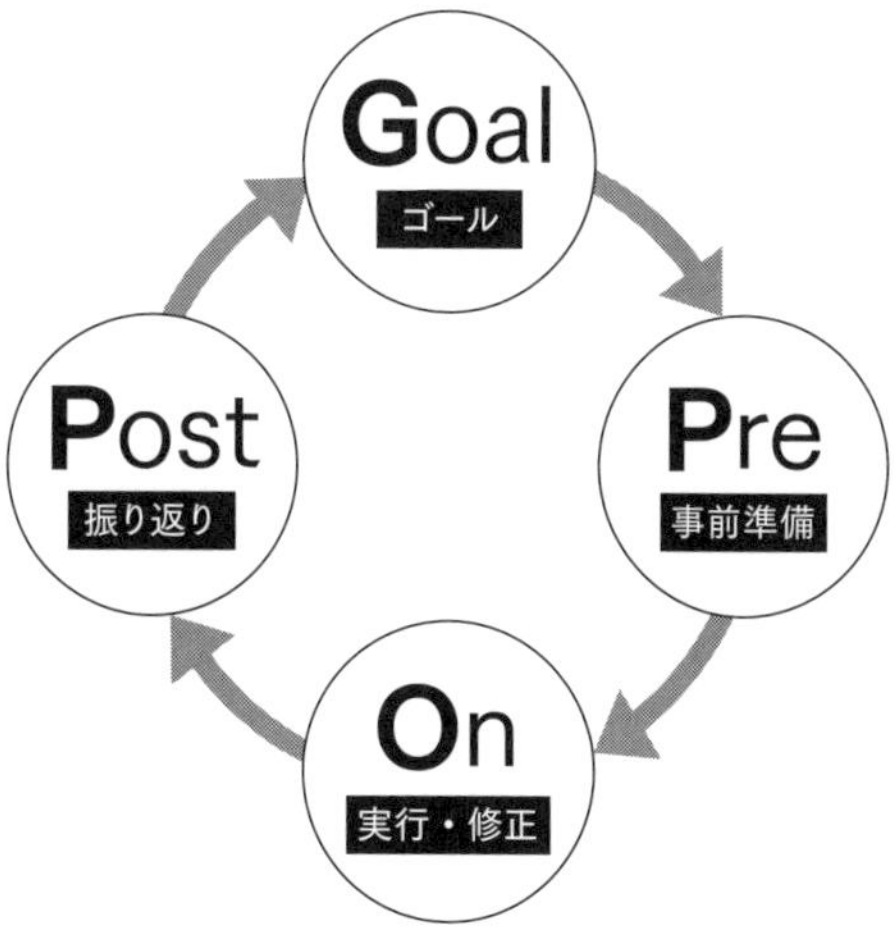

■組織のG-POPと個人のG-POP

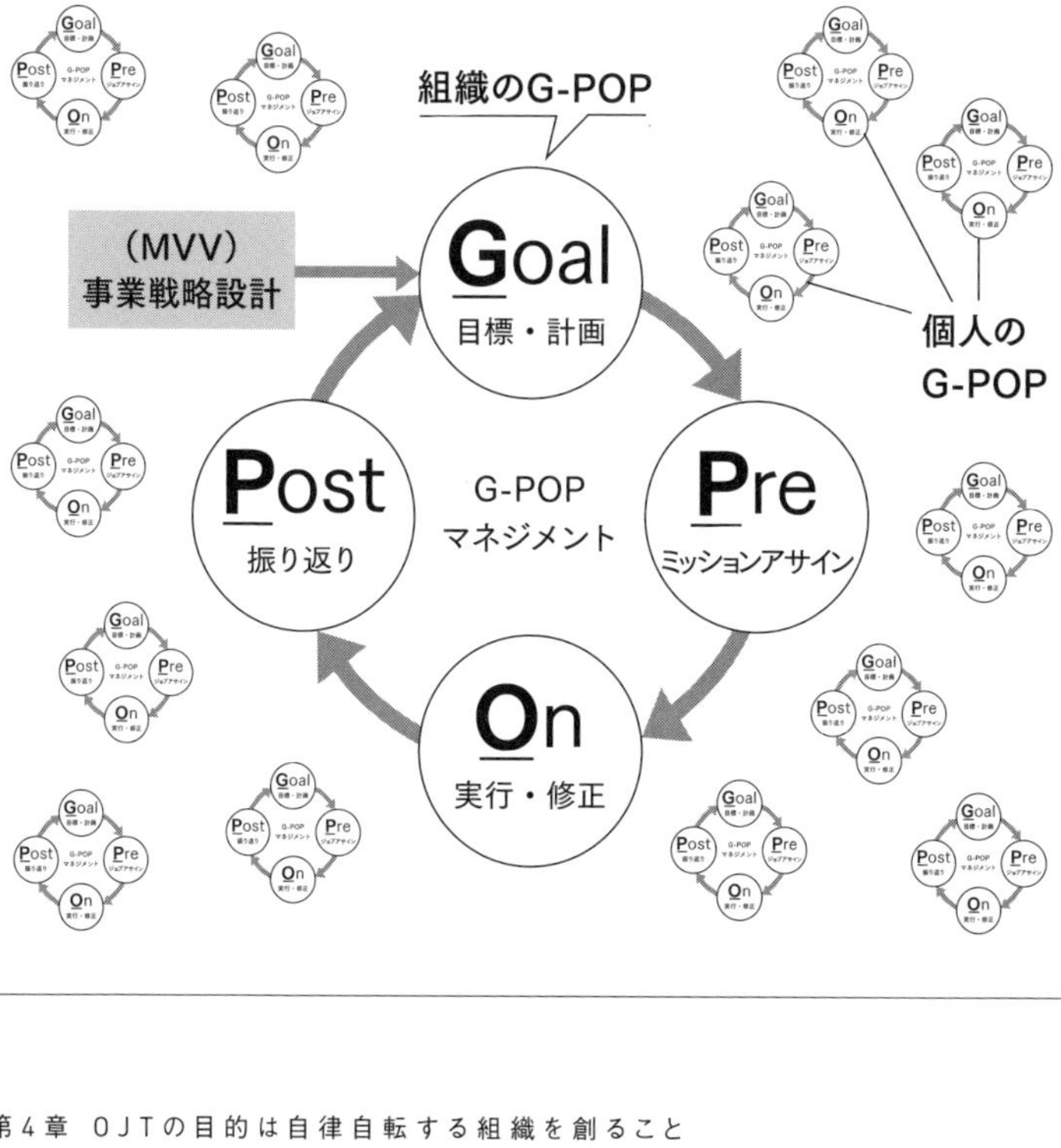

かもしれません。

では、あなたの職場はどうでしょうか。

例えば、簡単にこの習慣があるかどうか確認する方法があります。

あなたが、次に参加する会議で確認をしてみてください。

会議の冒頭に、その会議の目的あるいはゴールを設定しているかどうかを確認するのです。

後述しますが、会議の種類は、❶発散、❷収束、❸決議、❹報告に大別できます。**もし、この目的を確認できていなければ、G－POPのG（ゴール）ができていない証拠です。**

あるいは、例えば、誰かに仕事を発注してみてください。

「A社の企画書を作ってほしい」と依頼します。

そのメンバーが「分かりました」とすぐに作業を始めたら、そのメンバーには、G－POPのG（ゴール）とP（事前準備）を確認する習慣がない証拠です。

G－POP。頭で理解するのは簡単なのですが、実際に日々習慣化されている組織は限定的なのです。

第5章

自律自転する組織論が生まれた背景

なぜ私は「自律自転する組織」を創ることができたのか？

組織のG－POPマネジメントを形にできたきっかけは、リクルートワークス研究所所長（当時）の大久保幸夫さんからの一言でした。

「中尾の担当した組織や私が担当した組織は、なぜメンバーが自律して考えるようになり、業績を出し続けられるのか考えてみよう」

大久保さんがイメージした「自律自転する組織」を運営していた私の仕事は2つありました。1つはSUUMO（住宅領域のサービス）の新規事業であったスーモカウンター。もう1つは、リクルートグループが「ITで勝つ」を実現したリクルートテクノロジーズでの合計約10年間の事例でした。

スーモカウンターで実現した好業績

スーモカウンターを担当した6年間で、仲間と一緒に売上30倍、店舗数12倍、従業員数5倍という驚異的な結果を残しました。

6年間で売上30倍ということは、年平均2倍弱で成長し続けた計算になります。また、生産性を確認すると、店舗当たり売上2・5倍（30÷12）、従業員あたり売上6倍（30÷5）という大幅アップを実現したことになります。売上、生産性の大幅アップの両立を実現したのです。

ちなみにスーモカウンターは、後任の責任者に引き継いだ後の6年間で、さらに3倍以上の売上規模を実現できています。つまり、私たちが実施していた内容は、特定の個人やチームのノウハウではなく、組織に定着した方法論だということが分かります。

一般的な話になりますが、このような急拡大をすると、個人に過度な負担がかかり、組織にひずみが起きることがあります。その結果、従業員満足度が低下し、それに伴いサービスレベルが低下しがちです。すると、それらをきっかけに、従業員の離職増加と、顧客の満足度低下が起きることが容易に想像できます。

ところが、当時のスーモカウンターの従業員満足度は、全社でもトップクラス、離職率は1桁台前半、顧客満足度も97%から98%という驚異的な高水準を維持できていました。

「ITで勝つ」の定義から始めた

リクルートグループが「ITで勝つ」の礎《いしずえ》を仲間たちと実現できた、リクルートテクノロジーズ時代は、そもそもゴールである「ITで勝つ」の定義から始めました。

「ITで勝つ」というお題はグループ全体のCEOから私に与えられたミッションでした。「それは、何を実現することなのか?」から考える必要がありました。

ちょうど当時、ソフトバンクワールドの基調講演で孫正義さんが話されたことにヒントがありました。

「経済産業省のホームページに日本の国力の式があります。日本の国力=生産者人口×生産性です。日本の労働人口は減っていくので、ITで生産性を高める。そのITがロボットなのです。しかもロボットは寝ないので、生産者人口の代替もできるのです」

こんなお話でした。

いつも「ＩＴで勝つとはどういうことか」を考えていたので、ピンと来ました。国力が「労働者人口×生産性」という式で表されるのであれば、**「企業のＩＴ力＝ＩＴ人材の数×生産性」**という式で表すことができるのではないかという仮説です。

そこで社内外のＩＴ関連の有識者にこの仮説をぶつけました。10人ほどに話を伺ったところ7～8人は、この式で良いのではないかと賛同してくれました。つまり筋が良い仮説だというのです。ところが残りの2～3名からは「それは違う」と、さらに有意義なアドバイスをもらえたのです。

「ＩＴ人材は、優秀な人と普通の人の差が他の職種よりも大きい。10倍から100倍あると言っても過言ではない」

差が大きいということは、人によって生産性がかなり違うというわけです。

つまり、**企業のＩＴ力は「（優秀な）ＩＴ人材の数」に相関がある**ということが推測されます。ということは、優秀な人材を採用できれば、ＩＴ力が向上することが分かったのです。つまり、ゴールは「優秀なＩＴ人材を採用する」です。

次に、どれくらいの人数の優秀なＩＴ人材を採用すれば良いかを検討しました。なかなか難しい命題です。これはいわゆるフェルミ推定で概算することにしました。今後予定されている開発とそれに必要な職種のマトリックスを作成し、推定しました。

制約条件として、我々の受け入れ体制も考慮しました。当時の私たちの従業員数は約１５０名です。最大でこの人数であるという前提で、毎年１００名以上、３年で４００名の増員計画を立案しました。

こちらも大成功して、優秀なＩＴ人材の確保、従業員満足の高位維持かつ低離職率の維持を実現させました。

両組織とも業績を向上させながら関係者の満足度を維持でき、結果的に従業員の離職率を低く抑えることができたのです。

その時の基本的な考え方が「自律自転する個人」であり「自律自転する組織」でした。

この「自律自転する個人・組織」は、少し専門的な表現になりますが、「学習し続ける組織」とも言います。これは、個人・組織が「自ら学習し続けて進化し続ける組織」のことを指します。

「自律自転する組織」以外の選択肢がなかったという事実

リクルートのスーモカウンターとリクルートテクノロジーズの話は、少し奇麗にまとめ過ぎました。正直なところも補足をしておきます。「自律自転する組織」を目指したのは本当なのですが、**それ以外の選択肢がなかった**というのが正直なところでした。

スーモカウンターを担当した時もリクルートテクノロジーズを担当した時も、現場に権限移譲して「自律自転する組織」になってもらう以外に選択肢がありませんでした。

これは謙遜でも何でもなく、事実です。逆に選択肢がなかったので、「自律自転する組織」ができたともいえるかもしれません。

私は2018年まで29年間リクルートに在籍していました。大半の従業員は同じ事業部内で異動することが多いのですが、私の場合は事業部、子会社、本社など大きな異動が多かったのです。

スーモカウンターに異動する直前は本社で監査（Audit）の仕事をしていました。副社長直轄の組織で、子会社の社長の監査を行う仕事でした。Company Partner（カンパニー・パートナー：CP）という新設職種でした。正式名称は、このカンパニー・パートナーなのですが、監査をする仕事なので Company Police（カンパニー・ポリス）と呼ばれていました（笑）。

監査対象は、当時スーモの責任者で、その後グループ全体のCEOになるMさんでした。

1年間Mさんを監査した後、新規事業のスーモカウンターの責任者になったのです。当時のスーモは事業全体で1000人くらいの組織でした。CP時代の1年の間に、主要組織のキーパーソンには話を聞きに行っていました。もちろん業界知識も少しは得ていました。

ところが、スーモカウンター推進室は新規事業です。既存事業に比較すると売上も微々たるものでした。ですので、私の前任にあたる推進室長に話を聞いたくらいでした。

当時、スーモカウンターは60名のメンバーが5拠点で就業していました。室長含めて3人が組織長でした。そのうちの2名がスーモの本部や営業部に異動し、素人の私が赴任するという異動だったのです。

そして1人は当時「ミスター住宅事業」と呼ばれていた、私が唯一接点を持っていた推進室長のYさん。もう1人はその後転職してK社を再上場させ、時価総額2000億円企業にしたAさんでした。つまり実力者2名、しかも唯一の接点を持っていた先輩がスーモカウンターから異動し、私が新室長として赴任したのです。

私には、最低限の住宅の知識、マネジメントや業績拡大の経験はありました。

しかしスーモカウンターはリクルートでは珍しい店舗ビジネス。さらにアドバイザーが個人顧客向けに接客をするビジネスです。私には住宅業界の経験、店舗経験、個人顧客への接客経験もありませんでした。

しかし、一緒に働く60名とは、ほとんど「初めまして」の関係だったのです。

その後のリクルートテクノロジーズへの異動もそうです。スーモカウンターを6年間担当したころ、スーモ全体の責任者だったMさんは、リクルートグループ全体のCEOになっていました。Mさんからリクルートテクノロジーズの社長の内示を受けた時も、スーモカウンターへの異動時と同様の状況でした。

スーモカウンター時代に、いち早くクラウドに目をつけ、セールスフォースですべての情報を一元管理し、今でいうDX的なシステムを構築していました。

またスーモカウンター独自での集客を、スーモとは別のサイトを構築し実施していました。つまりIT領域に関しては少なからずの知識がありました。とはいっても、しょせん事業側の知識です。

新たに担当するリクルートテクノロジーズはITのスペシャリスト集団でした。当時の従業員は150名程度でしたが、常駐パートナーが2000名以上いる大組織です。

スーモカウンター時代の最後は360名の組織のマネジメントをしていました。しかし全員リクルートの従業員です。リクルートテクノロジーズでは規模も1桁多く、その多様性も高く、大半がテッキーなエンジニアなのです。しかも、私には圧倒的に知識も経験も足りません。そして、初めての社長業でした。

つまり両組織とも、素人の私がトップとして指揮を執るのです。現場が自律自転して動いてくれなければ成長しようがありません。

しかも両組織とも時間がありませんでした。スーモカウンターは新規事業です。短期に立ち上げなければ、事業そのもののストップもありえました。リクルートテクノロジーズもリクルートグループのIT化を推進しなければ、存在価値はありません。私が呑気に状況をキャッチアップする時間などなかったのです。

ただ、私には小規模組織ですが、「自律自転する組織」をマネジメントした経験がありました。それに加えて、私は多数の本から得た知識もありました（2000年以降、毎年100冊読み続けています）。それらから得た知識もありました。そして何よりも社内外にたくさんの仲間がいて、その人たちに教えてもらえるという利点もありました。

色々な偶然が重なり、「自律自転する組織」を創り、成果を上げることができました。そして、その当時やっていたことが現在のG－POPマネジメントの原型となったのです。

G－POPマネジメントが自律自転する個人と組織を生み出す

ＯＪＴを再発明したＧ－ＰＯＰマネジメントは、高業績を上げ続ける個人、組織が、共通して意識している４つのポイントである、「Goal」「Pre」「On」「Post」の頭文字を取って作った造語です。

後述するグループコーチング（ＧＣ）を活用したＧ－ＰＯＰマネジメントを実践すると――

❶自然にメンバー個人、個人の仕事のスキルが向上します。
❷自然に現場でのＯＪＴ（On the Job Training）が機能しだします。
❸自然に現場の見える化が進みます。
❹自然にナレッジマネジメントが促進します。

ここでいうＯＪＴは、真の意味でのＯＪＴです。メンバー全員が現場の経験から学ぶ「経験学習」を指しています。狭義の意味である「新人・若手向けの導入研修」ではありません。

しかも、自然にこれらの情報が teamTakt（https://teamtakt.biz）という協働学習ツール上にテキストデータとしてストックされていきます。そのテキスト情報をＡＩで分析することで、自然に個人のトリセツ（自分の取扱説明書）が出来上がります。

結果、経験学習としてのＯＪＴが有効に機能していることに加え、個人別のトリセツができるので、無駄なＯｆｆ－ＪＴ（集合研修や講義）を削減しながら、能力開発、人材配置ができるようになります。つまり、メンバーのスキルが向上し、現場相互のアドバイスであるＯＪＴが機能することでチーム力が向上します。

さらに、階層、地域、職種、事業を超えて、現場のメンバーが何をしているのかが簡単に、誰にでも、把握できるようになります。これにより、今のメンバーだけではなく、未来のメンバー（異動者、中途採用者、新卒入社者、業務委託者など）が情報を閲覧することで早期戦力化が容易になります。

誰が何をしているのかが分かっているので、ナレッジマネジメントも容易に進みます。同じく、トリセツなどにより、誰がどのような性格で仕事の進め方をするのかが分かっているので、隠れた人材を発掘できます。同じく人材の育成のポイントも分かります。結果、適切なミッションに適切な人材の配置ができるようになります。

誰が何をしているのかが分かっているので、現場のすべてのメンバーが自律して仕事がしやすくなります。結果として「自律自転する組織」ができるのです。

当然ですが、これらの状況が出来上がれば、業績は安定的に向上していきます。

自律自転する組織が成立するには、次の❶～❺の実現が必要です。

❶現場の見える化
❷ナレッジマネジメント
❸メンバーの特徴把握
❹メンバーの「仕事の進め方のスキルアップ」実現
❺(結果として)最適な人材発掘、人材配置、人材育成、人材採用を実行する

前述したように、私はリクルート時代に「仮説検証型ウォークアラウンド」という、ある種の「職人技」で、この5つのポイントのうち❶～❸を実現していました。

「ウォークアラウンド」は、一見たわいもない雑談をしているように見える場合もあるのですが、実は重要な現場の情報を収集し、必要に応じてアドバイスしています。

別の表現をすると三現主義です。3つの「現」とは、「現地」「現物」「現実」という3つです。三現を把握し、必要に応じて支援するために実際に足を運んで確認するマネジメント手法です。

私が20年かけて分かったのは、成果を上げる人と上げない人の差は才能ではないということです。成果が出る人と出ない人の差は、「成果が出る仕事の進め方」が「習慣」になっているかどうかなのです。組織も同様です。

ハイパフォーマーは、❶常にGoal（ゴール）を意識し、❷Pre（事前準備）に時間を使い、❸On（実行）し、❹実行後のPost（振り返り）から学び、成功の再現性を高める習慣を持っています。本書で解説する「G－POP」を「習慣」にできれば、成果が出やすくなるのは当然なのです。

そして「G－POPマネジメント」は、現在のようなリモートワークでの仕事環境下では、最適なOJTの手法といえます。

第6章

OJTに取り入れるべき「グループコーチング」入門

1on1の課題を解決するグループコーチング（GC）

G-POPマネジメントは、私が行っていた「仮説検証型ウォークアラウンド」にその原型があります。しかし、「仮説検証型ウォークアラウンド」は、「仮説立案」部分に私の職人技が残っていたこと、そしてOJTの進化版である1on1の問題により、バージョンアップが必要でした。

これらの問題を解決できないで悩んでいたころに、グループコーチングを主催していた鈴木利和さんに「グループコーチングを実際に体験してみないか」と誘われたのです。

鈴木さんと私は6年ほど前からTTPS（徹底的にパクって進化させる）勉強会を主催していました。TTPS勉強会の目的は「良い組織」を作るノウハウを参加者で共有し、それを実践することです。開催数はすでに75回を超え、毎月勉強会の企画を一緒にしている間柄でした。

鈴木さんは、「ありえる楽考（がっこう）」という参加者相互が学びあうオンライン・コミュニティを作っていました。もちろん、存在は知っていたのですが、まさかこれが、その後G-PO

Pマネジメントを実現する**グループコーチング（以下GC）**の原型になるとは思ってもいませんでした。まさに「灯台下暗し」でした。

GCは1名のファシリテーターと4名のメンバーの計5名が、毎週1時間で「1週間の業務」を振り返ります。

1on1は素晴らしいOJTの方法なのですが、前述のように次の4つの問題があります。

❶時間がかかる
❷相性問題が起きる
❸教師と生徒の関係になり先輩にスキルが求められる
❹型がなく、形骸化しがち

GCは活用の仕方により、これらを一気に解決できる可能性があります。

一番のポイントは、自然と4人のメンバー同士の相互作用、化学反応が起きることです。4人のメンバー同士が相互にアドバイスを行い、それを受けてそれぞれが学び、成長していきます。

これにより、ファシリテーターとの相性問題やファシリテーターのスキル問題が解消できるのです。

また、４人のメンバーに対して1時間で行うので、1on1 の４分の１の時間で実施できます。

これにより時間がかかるという問題も解消されます。

つまり、ＧＣは 1on1 の４つの問題を一気に解決できるのです。

もちろん、１人のファシリテーターと４人のメンバーが1時間集まるだけで、自然と相互作用が起きるわけではありません。その1時間の中身が標準化されていて、自然と相互作用が起きるような仕掛けがあります。

グループコーチングの手法とその効果

グループコーチング（GC）は次のような手順で実施します（全体で1時間）。

❶瞑想　心を落ち着ける
❷チェックイン　1名ずつ発言する
（例：24時間以内にあった感謝）
❸報告者がG－POPフォーマット（次章で詳述）を使って状況報告
❹他のメンバーは感じたことを共有する
❺報告者は他メンバー全員の発言が終わった後、感じたことを共有
❻❸～❺を参加者4名で繰り返す
❼チェックアウト　お互いに感謝の気持ちを伝える

図12　グループコーチングの手順

1 瞑想

↓

2 チェックイン

↓

3 参加者Aが状況報告

↓

4 他のメンバーが感じたことを共有

↓

5 参加者Aが感じたことを共有

↓

6 3～5を参加者B～Dで繰り返す

↓

7 チェックアウト

GCがメンバー同士の相互作用を生み出すメカニズム

この手順には、メンバー同士が相互作用を行う仕掛けがいくつも入っています。

❶瞑想により、心をフラットにする。
❷チェックインで「24時間以内にあったありがたい話」をすることで場をポジティブにする。
❸G－POPフォーマット（後述）に記入すること自体がセルフコーチングとなる。
❹すべての参加者が平等に話を聞いてもらえる機会がある。
❺批評や指示、アドバイスではなく、感想を交換する。
❻感じたことを率直に話せる。
❼チェックアウトで感謝と気づきを伝えることができる。

それぞれ、補足説明をしましょう。

❶瞑想で心をフラットにする

日々の忙しさで誰もがついつい呼吸が荒くなったり、心が乱れたりしています。わずか1分ほどですが、自分のスタイルで目をつぶり、自分の呼吸に集中をします。たったそれだけのことで、心をフラットにできます。

❷チェックインで「24時間以内にあったありがたい話」をすることで場をポジティブにする

ポジティブ心理学という学問があります。この学問は、日々周囲への感謝を確認することをアドバイスしています。「感謝」の反対は「当たり前」です。

さらにひどくなると「無視」になります。

日々当たり前と思っていた周囲のサポートに対して「感謝」を言葉にすることで、周囲とのコミュニケーションが好転するきっかけになります。

❸G−POPフォーマットに記入すること自体がセルフコーチングとなる

フォーマットの内容は、次章で解説する「G−POP」というフレームワークに準拠しています。このフォーマットに沿って1週間の業務内容を記入することで、振り返る習慣をつけることができます。結果、セルフコーチングをする習慣がついていきます。

❹すべての参加者が平等に話を聞いてもらえる機会がある

日常的に、会話の途中で上位者や同僚から会話を遮られることが少なくありません。会話はキャッチボールだといわれていますが、実際はドッジボールになっているケースが大半です。ドッジボール的会話とは、ボールを受ける前に、次に何を話すか準備をしている会話です。

そうではなく、「話を聞く」「話す」をきちんと分離する習慣がつけば、他者とのコミュニケーションレベルが大きく向上するきっかけになります。

❺批評や指示、アドバイスではなく「感想を交換する」

これもコミュニケーションレベルを向上させます。かっこつけずに、感じたことをそのまま伝えます。このコミュニケーションが相互にできることで「安心・安全の場」を作りだすきっかけになります。

感想を交換するところにも学びの機会があります。「返報性」というのですが、「感想を伝えることに対して返事が来る」という会話のキャッチボールから、思考が深まるのです。

❻感じたことを率直に話せる

「安心・安全の場」を作ることが、高い業績を上げるための必要条件であることが、様々な組織の研究で明らかになっています。GCを導入することで、前向きに感じたことをお互いに率直に話す関係性と習慣が作れます。

❼チェックアウトで感謝と気づきを伝えることができる

最後に、感謝を伝えることで、GC後の職場での他者とのコミュニケーションもよくなり、結果、関係性も向上します。

まとめの位置づけでもあるので、自分の気づきを定着させる効果もあります。加えて、同じ1時間を過ごした4人のチェックアウト内容の違いからさらに気づきを得られることもあります。

このように、GCの1時間は、様々な仕掛けが入った時間です。

1週間あたり、GCの1時間と準備時間10分~20分で、本人のセルフマネジメントに加えて、参加者との相互作用を通じて、いくつもの学びの機会が生まれるのです。

最近は、GC終了後に10分~20分程度「振り返り」の時間を持ち、1週間のスケジュールを見直す参加者が増えています。G－POPマネジメントの後ろのPost（振り返り）ですね。この振り返りにより、さらにゴールを意識した1週間を過ごせる可能性が高まります。

グループコーチングがもたらす様々な利点

このグループコーチングはZOOMなどのウェブ会議システムを通じて実施します。そして自分が説明する場面（発表→参加者からの感じたこと→自分の感じたこと）を録画して、後で改めて観ることを勧めています。自分の話す特徴、聞く特徴などが容易に把握できるからです。

言葉の語尾や表情などを意識して修正することで、コミュニケーションレベルが向上します。さらには、短い時間で的確に説明する能力が高まり、プレゼンスキルが向上します。相手の話をきちんと聞くスキル、傾聴のスキルも向上します。

メンバーの1週間のセルフマネジメントの結果を示すデータが蓄積されて、他のメンバーの情報を見ることもできます。これがストックされればされるほど効果を発揮します。

従来の1on1でも報告書を残すケースはありますが、実際の1on1の内容は分かりません。このGCでは、詳細までteamTaktにデータが格納されているため、データを閲覧することでハイパフォーマーの仕事ぶりを疑似体験することができるなど、学びが多いのです。

さらに、上司にとっても、メンバーのデータを閲覧することで、簡単に組織の現状把握（見える化）ができるようになります。データの内容を参考に必要な人だけとミーティングをすることで時間削減もできるのです。

誰にとっても一石二鳥にも三鳥にもなるのです。

第7章

グループ
コーチングで
活用する
G-POP
マネジメント

グループコーチングで使用するG－POPフォーマット

グループコーチング（GC）で使用するG－POPフォーマットは単なる報告ツールではありません。このフォーマットに記入するのは、「自ら学ぶ」ことが目的でもあります。

類似のものとして日報、週報、月報といった会社や上司に「報告」するために記載するフォーマットがあります。これらのフォーマットの目的は会社への業務報告です。

しかし、G－POPフォーマットを活用する場合、ゴールが全く違います。

このG－POPフォーマットに記入する目的は、参加者が「自ら学ぶ」習慣をつけることなのです。しかも、今から説明するポイントを意識しながら、フォーマットに記入し、GCで活用し続けると、知らず知らずのうちに自然と「自ら学ぶ」習慣がつくようになっていきます。

このG－POPフォーマットに記入すると、結果として業務報告をしていることになるので、週報や月報を廃止、代替することもできるのです。

それでは、具体的なGCでのG－POPフォーマットを確認しましょう。

G－POPフォーマットの使い方

127ページの図をご覧ください。

上部の四角がGoal（ゴール）を記入する部分です。GCでは、長期から短期のGoal（ゴール）を常に意識するために、❶人生をかけて、❷今年、❸今月、❹その他の期間が異なるGoal（ゴール）を記入します。

これら長期から短期のGoal（ゴール）を上部に書きます。

結果、毎週、GCのたびにGoal（ゴール）を意識するフォーマットになっているのです。

その下に4つの矢羽（矢印の形）が上下に2つずつ並んでいます。

左上の矢羽が「やると決めたこと」、G－POPにおけるPre（事前準備）に当たります。右上の矢羽がその「結果」。On（実行と修正）に当たります。左下の矢羽が「そこからの学び」。Post（振り返り）です。右下の矢羽が「次のアクション」。つまり次週のPre（事前準備）です。

上2つの矢羽では、「やると決めたこと（＝仮説）」と「結果」を対比できるようになっています。

そして左下の矢羽「そこからの学び」で「振り返り」をするわけです。

この3つの矢羽を受けて、最後に右下の「次のアクション」を作成します。

この4つの矢羽を記入している時に、常に上部のGoal（ゴール）が目に入ります。先週の計画や次週の計画は、自分自身の長期から短期のGoal（ゴール）に関連しているのか、特に長期のGoal（ゴール）に関連しているのかが嫌でも目に入ってくるのです。

ついつい目先のことだけをやっていないか気づくようなフォーマットになっています。

当たり前の話ですが、Goal（ゴール）に関連する業務をすればするほど、そのGoal（ゴール）に近づくはずです。

ところが、常日頃、Goal（ゴール）を意識せずに目の前の仕事だけに集中している人が少なくありません。このG－POPフォーマットを週に1回記入することで、こうした事態を避けることができるのです。

図13　G-POPフォーマット

Goal（ゴール）

①人生をかけて

②今年

③今月

④その他

やると決めたこと

結果

そこからの学び

次のアクション

G-POPフォーマットを用いたGCの具体的手順

さて、ここからは再発明したOJTの中核、G-POPマネジメントのOn（実行・修正）部分の主要なツールであるグループコーチング（GC）の実施方法を紹介します。GCを毎週実施することで、G-POPマネジメントで実現したい「自律自転する組織」が形になっていきます。

GCの概要については第6章で説明しました。ここでは、GCで活用するG-POPフォーマットの記入の仕方、自社で運営する際のファシリテーターの役割とポイントについて説明します。

週1回実施するGCで利用するG-POPフォーマットは、前述のように5つの記入部分があります。それぞれの箇所について、記入時の詳細ポイントを説明します。

「Goal（ゴール）」を記入する際のポイント

G－POPの最初のGoalの部分です。

GCでは、長期から短期のGoal（ゴール）を意識するために、❶人生をかけて、❷今年、❸今月の3つの期間でGoal（ゴール）を記入します。「❹その他」を加えて、期間ではないGoalも記入できます。

まず、「❶人生をかけて」のGoalについて、書ける人はぜひ書いてください。しかし、書けない人もいるかもしれません。それは何も問題ありません。

私がいたリクルートという会社は、「あなたは何をしたいのか？」ということを常に問われる組織でした。目標管理制度の個人フォーマットでも「3年後に何をしたいのか」の記載を求められました。

大学院を卒業し24歳でリクルートに入社した私自身、人生をかけて実現したいことを決められたのは40代手前でした。その時に、ようやく「マネジメントを研究して極めたい」と決めることができました。それまでは、上司や先輩に対して、適当にお茶を濁していました。しかし、私自身は中途半端に決めなくて良かったと思っています。

「人生のゴール」を決めるのに時間がかかっても大丈夫です。心配しなくても、きっと見つかります。

「いかだ下り」でキャリアを積んで「山登り」で専門性を高める

リクルートワークス研究所の前所長の大久保幸夫さんのキャリア論で、**若手のころは「いかだ下り」的にキャリアを積み、その後「山登り」的に専門性を高める**というたとえ話があります。

いかだ下りは、船に乗って川の急流を下っていくわけです。川の河口がゴールですが、そこに行くことが目的ではありません。

急流をいかだで下りながら、船頭さんの指示に従い、いかだ上での自分の座る場所を変えたり、岩を棒で突いて方向転換を行います。つまり、チームワークを学ぶわけです。若い時にこのチームで仕事をする術《すべ》を学ばないと、その後チームで仕事をする、あるいはチームをけん引する際に、困ってしまうのです。そしてこの「いかだ下り」ができるようになると、次は「山登り」です。

「山登り」は「いかだ下り」とは異なり、その山に登ることが目的です。山は、それぞれの専門性を表しています。営業、販売、接客、マーケティング、法務、財務、経営、人事、ＡＩ、プログラム開発、セキュリティなどです。

1つの山を選ぶと、その間は他の山には登れません。だから慎重に選ぶ必要があります。低い山であれば単独で登れます。しかし、高い山は、チームでないと登れないのです。**「速くいきたいのであれば1人で行け、遠くへ行きたいのであれば仲間と行け」**ということわざがあります。まさにそうですね。

時間がかかってもよいので、最終的には「人生をかけて実現したいゴール」が書けるようになると良いと思います。

「❷今年」「❸今月」は、会社に属している場合、ミッションやテーマがあるはずです。それを記入します。不明な場合は上司、人事、先輩に確認してみましょう。

「❹その他」は必要に応じて、スキルアップやプライベートのGoalを記入するとよいでしょう。

「やると決めたこと」を記入する際のポイント

G－POPのPre（事前準備）の部分です。

1週間の計画（仕事あるいはプライベート）のうち重要なタスクを記載します。ここでいう「重要」とは、自分のマインドシェア（気持ちの中で重要性）が高いタスクとタイムシェア（見積り時間）が多いタスクのことです。

その際に、**完了基準**を記載します。**完了基準とは、1週間後に結果を記入した際に、「できた・できなかった」を判断するポイントです。**数字で記載できる場合は、数字でできるだけ記載すると良いでしょう。

担当する仕事が大きな場合は、1週間で取り組む大きさまで因数分解をします。

例えば、営業目標の達成を3か月で目指している場合、❶営業先をリストアップ→❷アプローチ→❸ヒヤリング→❹プレゼンテーション→❺クロージング→納品という流れになります。

営業目標の数値と現在の受注見込みや過去の営業活動の歩留まりから、何社に❶〜❺をする必要があるか計算できます。それぞれの工数を見積もり、3か月は約12週あるわけですから、各週のタスクを確定させます。これらのPre（事前準備）を行い、1週間のスケジュールに落とし込むのです。

加えて、**そもそも、これらのタスクが、上述のGoalのどれかと関連しているのかをチェックします**。誰しもがついつい目の前の仕事に集中して、中長期のGoalについてのタスクを後回しにする傾向があります。ここで少しずつでも中長期のGoalに関連するタスクを計画できているかを確認します。

例えば、「❶人生をかけて」「❷今年」「❸今月」「❹その他」の工数（時間）を書いておいて、「やると決めたこと」と比較すると、どこに時間をかけているかが分かるので、お勧めです。Goalの❶❷といった中長期の仕事のシェアを高めないと、これらが進むことはなかなかありません。

「7つの習慣」で有名なコヴィー博士が、重要度が高く、緊急性が低い仕事（第二領域）をするべきであるとアドバイスしています。まさにこのことです。重要度が高いGoalである❶人生をかけて、❷今年の2つは緊急度が低いのです。しかし、これを常に意識して毎週を過ごさないと、結果、❶❷のGoalには近づきません。

「結果」を記入する際のポイント

G－POPのOn（実行・修正）の部分です。

「やると決めたこと」で記入したタスクのそれぞれについて完了基準に照らし合わせて、どうだったかという結果を記入します。**ここで重要なのは、「事実を記入」することです。ここに自分の想像、類推を入れると「正確に振り返る」ことができません。事実だけを記入することに留意してください。**

この「正確に振り返る」ことはとても重要です。仕事で問題が起きた場合、❶現状把握→❷解釈（課題発見→解決策立案）のステップで解決するのが基本です。その際に、「❶現状把握」に「事実」とその人の「想像」や「類推」が混ざっていると、間違った現状把握をしてしまうことになります。このステップが間違っていると、次の「❷解釈」は当然不正確になります。結果、その課題を解決できないことになってしまうのです。

「そこからの学び」を記入する際のポイント

G－POPの最後のPost（振り返り）の部分です。

計画したタスクとその結果から何を振り返ったのか、つまり何を学んだのかを記入します。

計画通りにタスクがうまくいった場合は、うまくできたポイントを振り返ります。

逆に計画通りにタスクが進まなかった場合は、1週間前にさかのぼったとして、どうやればうまくいったのかを考えます。

タスクがうまくいかなかった場合、改善するためには、次の3つの観点が役立つことが多いです。1つは**「時間の見積もりの仕方を変える」**、2つ目は、**「視点を変える」**、3つ目は**「視座を高める」**という観点です。

時間の見積もりの仕方を変える

まず「時間の見積もりの仕方を変える」です。これは、計画見積もり時にタスクを「納期（○日○時）」だけで計画し、工数（かかる時間）で計画していない場合に効果があります。納期管理だけ計画した場合、「納期に間に合った」あるいは「納期に間に合わなかった」という振り返りしかできません。

「2時間で終わる予定だったのに、5時間かかってしまった」あるいは「急な仕事が入ったので1時間しか取れなかった」と工数で計画していれば数値での振り返りができます。

実感では半分以上の方が工数（時間）で見積もりをしていません。

タスクを工数で見積もって、その見積もり工数分をスケジューラに記入することが計画の第一歩です。これをしておかないと、振り返ることもできません。

もちろん、工数で見積もったとしても、その工数が大雑把ではうまくいきません。ただし、工数で見積もる習慣をつければ、時間とともにうまくなっていきます。

視点を変える

次は「視点を変える」です。工数は合っていたのですが、他者との協働の段取りミスが原因で、仕事がうまくいかないケースです。

これは、**自分の立場でしか考えていないこと**に起因することが多いようです。例えば、「顧客の立場」「上司の立場」「先輩の立場」「地域の人の立場」「メンバー・部下の立場」「取引パートナーの立場」「株主の立場」など、仕事をするうえでの関係者がたくさんいます。

あなたから考えると、あることが常識で、あることは理不尽に感じることがあります。ところがその人の立場から考えると、まるで逆の場合もあるのです。

「その人がそれをするのは、その人なりの理由がある」のです。視点を変えて、様々な立場で物事を見ることができ、すべての人に利益があるような判断ができるようになると仕事やプロジェクトはスムーズに運ぶようになります。

視座を高める

最後は「視座を高める」です。これはいくつかの複合要因がありえます。例えば、自分が考えていたその仕事のGoalと依頼主のGoalが違っていたということはよくあります。あるいは、QCDがずれていた、優先順位が異なっているということもあります。QCDは、Q（品質）、C（コスト）、D（納期）のことです。これらがずれていることも少なくありません。これを事前に確認しておくことが重要だということです。

これらの観点で振り返りを続けることで、「時間」「視点」「視座」など、多面的な振り返りができるようになります。その結果、計画通りに仕事が進むようになります。そうなれば、次の段階の学びができます。例えば、複数の仕事を同時に進める、起こりそうなトラブルを見越して予防する、トラブルが発生した時に対処するなど、振り返りから学んだことを他の業務に転用することができるようになります。

「次のアクション」を記入する際のポイント

ここは翌週のG－POPのPre（事前準備）です。

「次のアクション」には、「来週以降に何をするのか」を書きます。

つまり、この「次のアクション」は、翌週にGCを実施する事前準備としてG－POPフォーマットを記入する際の「やると決めたこと」にあたります。

ここでは2つの点に留意しましょう。1つはGoalに記載している内容を進めるためのアクションを記載すること。もう1つは、「振り返り」で気づいたことに関連する内容を記載するという点です。

次にGCを運営するファシリテーターの役割についても書いておきましょう。

図14　G-POPフォーマット（記入サンプル）

Goal（ゴール）

①人生をかけて　誰もが知っているヒット商品を作りだす。

死ぬ時に良い人生だったと思える毎日を過ごすことを心掛ける。

②今年　担当する新規事業の売上目標○○億円達成。

顧客満足度目標○○％以上達成。

③今月　新規事業計画立案・テストマーケティング

④その他　ワークライフシナジーの実現

やると決めたこと

- 時間配分　①現在3　②新規事業4　③未来3
- 既存主要顧客の当社への満足度ヒヤリング3社
- 新規事業計画を役員会で承認
- テストマーケティングストーリー確定
- 新規事業の拡大可能性ブレスト3回

結果

- 時間配分　①現在4　②新規事業5　③未来1 △
- 既存主要顧客の当社への満足度ヒヤリング3社実施 ○
  →1社のクレーム対応
- 新規事業計画を役員会で承認 ○
- テストマーケティングストーリー確定 ○
- 新規事業の拡大可能性ブレスト1回 ×

そこからの学び

- 1社のクレーム対応を行ったため、予定していたブレストのアポイントをリスケ。
- ヒヤリングに行ったおかげでクレームが発覚。早めに対応ができた。
  →他の会社で同様のサイレント・クレームが起きていないか確認。
  →このクレームが上がってこない状況に対して現状把握が必要。
  →現状把握の結果によっては、対応策を検討。

次のアクション

- 時間配分　①現在3　②新規事業4　③未来3
- 既存主要顧客の当社への満足度ヒヤリング3社継続
- テストマーケティング実施
- 新規事業の拡大可能性ブレスト2回
- 主要顧客クレームに関しての実態調査と仮説立案

GCにおけるファシリテーターの役割とポイント

ファシリテーターの役割は大別すると2つあります。MUST（最低限）の役割は「進行役」です。WANT（やって欲しい）の役割は「視点」「視座」の提供です。

ファシリテーターは、ティーチャー（教える人）、コンサルタント（答えを見つける人）、コーチ（伴走する人）ではありません。

ファシリテーターは、そのグループ、個人が答えを持っていると信じ、その答えを見つけるのを支援する役割です。つまり、参加者のセルフマネジメントを支援する役割なのです。ちなみにこのファシリテーターのスキルを習得すると、GC以外の会議進行などでも役立ちます。

では、2つの役割についてみていきましょう。

まずMUST（最低限）の役割である進行役です。おさらいとなりますが、GCの1時間は次の流れです。

❶瞑想　心を落ち着ける
❷チェックイン　1名ずつ発言する
（例：24時間以内にあった感謝）
❸報告者がG－POPフォーマットを使って状況報告
❹他のメンバーは感じたことを共有する
❺報告者は他メンバー全員の発言が終わった後、感じたことを共有
❻❸～❺を参加者4名で繰り返す
❼チェックアウト　お互いに感謝の気持ちを伝える

時間がかかるのは、❸～❻の部分です。1人あたり10分前後で合計約40～50分前後になります。瞑想が1分、チェックインとチェックアウトはそれぞれ5分が目安です。

次の時間割が1つの目安となります。

◎チェックイン終了　開始から10分以内

◎1人目終了　開始から20〜25分前後（発表時間は1人5分が目安）
◎2人目終了　開始から30〜35分前後
◎3人目終了　開始から40〜45分前後
◎4人目終了　開始から50〜55分前後
◎チェックアウト終了　開始から1時間

もっとも時間がかかるのは2か所です。

1つは「❸報告者がG－POPフォーマットを使って状況報告」するパートです。ここで詳細まで話をしてしまい、10分以上かけてしまう場合があります。そのような時には、**事前に準備して5分以内で説明できるようにアドバイスすることが大事です。**現在のビジネス社会では、短時間に要点をまとめて説明することが求められます。その訓練にもなります。

もう1つの時間がかかるポイントは、「❺報告者は他メンバー全員の発言が終わった後、感じたことを共有」の部分です。ここでは「他のメンバー全員の発言が終わった後」に、「感じたことを共有」するとガイダンスしています。

ところが、そうではなくて、メンバーの発言ごとに「一問一答」になることがあります。そのようなケースの大半は、感じたことを交換するのではなく、単に質問をしていることが大半です。

その場合は、**一問一答にならないようにガイドするのもファシリテーターの役割です。**

また、そもそも時間を意識せずに長時間話す人もいます。そのような人には、時間意識を持ってもらうようにガイドします。**もし、その内容がよほど重要であれば、別途時間を設けて話をするようにガイドするのも重要な仕事です。これはファシリテーションの世界では「パーキングロット（駐車場）」と呼ばれる重要なスキルの1つでもあります。**

自律自転する組織を作るという観点でいうと、本来はファシリテーターがいなくても、時間通りに進行するのが望ましいのはいうまでもありませんが、その状態を作るために、各自の時間の意識醸成を促進するのも重要な役割です。

進行役であるファシリテーターのもう1つの重要な役割

ファシリテーターの役割として最も大事なポイントは、その人の「強み」や「良さ」に着目することです。ついついティーチャー（教える人）やコンサルタント（答えを見つける人）の観点から「弱み」や「悪さ」に着目してしまう場合があります。

しかし、**ファシリテーターは、その人の「強み」や「良さ」だけに着目してください。**

もちろん、どんな人でも改善すべきポイントはあります。しかし、そこに着目するのではなく、まず「強み」や「良さ」に着目してほしいのです。

こうして強調するのは、日本社会では、上司、先輩、同僚から承認を受ける機会が極端に少ないからです。「弱み」や「悪さ」を指摘し、改善を求めることが重要だと考えている人が多いと感じています。

ところが、**「弱み」や「悪さ」を指摘しても、その人が変わることはきわめて稀《まれ》です。本当の意味で「変わる」のは、その人自身が「変わりたい」と思った時だけです。**

GCは、セルフマネジメントがベースの考え方です。その人自身が、弱みに対峙《たいじ》し、それを改善しようとした場合にのみ取り扱うようにしてください。

繰り返しになりますが、参加者の「強み」や「良さ」に意識的に着目してください。

G-POPフォーマットにおけるファシリテーションのポイント

では、まず「Goal」についてです。

「❶人生をかけて」は、書ける人はよいと思います。また途中で変わってもよいですし、書けない人、決まってない人も問題ありません。参加者には、そのようなスタンスで接してほしいですし、書けないことを悩んでいる人には、そのように伝えてください。「❶人生をかけて」は、その人特有のGoalです。驚くほど人によって違うという多様性も楽しんでもらえると思います。

Goalに関しては、「先週やったこと」「今週やること」に関連する事項があるかどうかを確認してコメントするとよいでしょう。

特に「❶人生をかけて」、あるいは「❷今年」といった比較的長期のGoalについては、今週1週間やらなくても大きな問題ではないかもしれません。しかし、それではGoalに近づきません。コヴィー博士の「7つの習慣」では、重要度が高く、緊急度が低いテーマから、スケジュールに書き込みなさいとアドバイスをします。まさにこのことです。

「やると決めたこと」は3つの観点でチェックする

次は「やると決めたこと」です。

これについては次の3つの観点で確認します。

❶抽象度が高すぎないか?

❷目的ではなく手段を書いていないか?

❸完了基準が明確か?

「抽象度が高すぎないか?」とは、例えば「営業活動」「顧客訪問」といった書き方です。これでは何をしているのか分かりませんし、他の参加者が「感じたこと」を伝えることができません。このような場合は、もう少し具体的な内容を書くようにアドバイスをします。

「目的ではなく手段を書いていないか?」とは、例えば「○○会議出席」「○○社訪問」などです。これらは何かの目的を実現するための手段のはずです。「私は何のために○○会議に出席するのか」「私は何のために○○社へ訪問するのか」という「目的」を意識するという視点を持たせることが重要です。

「完了基準が明確か？」という観点は、「結果」を記載する際に、それができたかどうかを確認するために必要です。可能であれば数量で記載することが望ましいです。しかし、数値化できないものを無理やり数値化する必要はありません。ただ、大半のことは数値化できるはずです。

「結果」は事実とそれ以外を切り分ける

次は「結果」です。

ここでは、事実と想像や類推を分けて記載することを確認するのが重要なポイントです。計画したことがうまくいくことも、うまくいかないこともあります。あるいは計画していたこと以外の業務が入ってくることも少なくありません。そうした「事実」を計画時の完了基準と照らし合わせて評価することが重要です。

最重要ポイントは「そこからの学び」

最後は「そこからの学び（振り返り）」です。ここが最も重要なポイントです。G－POPのPost（振り返り）の部分です。計画したタスクとその結果から何を振り返ったのか、つまり何を学んだのかを記入しています。

すべてがうまくいっている場合は、承認に加えて、「なぜうまくいっているのか」を確認します。そこを振り返ることで、仕事をきちんと進める際の再現性（同じことが実現できる）が高まります。

逆に計画通りにタスクが進まなかった場合は、1週間前にさかのぼったとして、どうやればうまくいったのかを考えるように促します。

タスクがうまくいかないケースの典型的な3つの理由は先述した通りです（136ページ参照）。ポイントは、「忙しかった」「想定外の仕事が入った」「想像以上に時間がかかった」などの報告があった場合、そこで対話を終わらすのではなく、1週間前に戻って、想定する方法がなかったか、次のような問いかけで参加者が考える習慣をつけるように促します。

「その忙しさをどうやれば想定できたでしょうか？」
「その想定外の仕事を事前に把握する方法はなかったですか？」
「ちなみにタスク管理は『工数』で実施していますか？」

ファシリテーターの重要な仕事は、質問力により、参加者自らが考える力を身につけられるように支援することです。

同様に**「顧客の立場ならどう感じるでしょうか？」「上司はどのような意図であなたに依頼したのでしょう？」**など、立場や視点を変えて思考する習慣を促すのです。

ファシリテーションのスキルを向上させる方法

ファシリテーターがファシリテーションスキルを向上させる方法が2つあります。

1つは、GCの前に参加者のG－POPフォーマットを閲覧し、感じたことや質問・アドバイスをteamTaktのコメント欄に記入します。つまりPre（事前準備）をすることで参加者の理解を進めるのです。

これにより、GCの時間は進行役に徹することができ、スムーズな運営ができます。また、参加者からもファシリテーターが事前にコメントしてくれたことに感謝され、GC当日の進行がうまくいく可能性が高まります。

もう1つは、事前にGCをどのような場にするのかをG－POPフォーマットに事前に記入し、事後に振り返ることです。

つまり、そのGCのGoalを設定し、事前準備をするわけです。

事前準備の具体例としては、事前に参加者のG－POPフォーマットを閲覧し、できる限り上述のようにコメントを記載します。そして終了後に自分の思ったようなGCの場になったのかを振り返ります。

これらを繰り返すことで、ファシリテーションスキルが高まります。

第8章

G-POP マネジメントの全体像

組織のゴール設定における
G‐POPマネジメント（Goal）

G‐POPには、「個人のG‐POP」と「組織のG‐POP」があります。

基本的な考え方はまったく同じです。

繰り返しとなりますが、G‐POPは仕事ができるハイパフォーマー（個人・組織）に共通する仕事の進め方です。ハイパフォーマー（個人・組織）の仕事の進め方には次のような特徴があります。

❶常にGoal（ゴール）を意識し、
❷Pre（事前準備）に時間を使い、
❸現場で相互アドバイスしながら機敏にOn（実行・修正）し、
❹実行後のPost（振り返り）から学び、成功の再現性を高める。

G－POPのGoal（ゴール）、Pre（事前準備）、On（実行・修正）、Post（振り返り）は4つとも重要です。その中でも適切なGoal設定ができないと、いかに後の3つが良くてもうまくいきません。

適切なGoalを設定しても、例えばGoalを適切な大きさと難易度のミッションに分割して、適切な人に割り振りをするPre（事前準備）ができないと、残りのOn（実行・修正）、Post（振り返り）はうまくいきません。

GoalとPre（事前準備）、Post（振り返り）を適切に行っても、On（実行・修正）ができないと成果は上がりません。特に実行・修正のOnの部分は時間的には最も長い時間がかかります。事業を運営している時間はすべてOnなのです。ここの巧拙で事業の成果は大きく変わります。

その重要な部分を現場に丸投げしてよいのかというのが、本書の問題意識の1つです。そして、この一番長い期間を担うのが、本来のOJT（On the Job Training）なのです。

組織のゴールとOff－JTの関係性

156ページのG－POPの図を見ると、Goalの左に事業戦略設計（MVV）という言葉から

図15　組織のG-POP

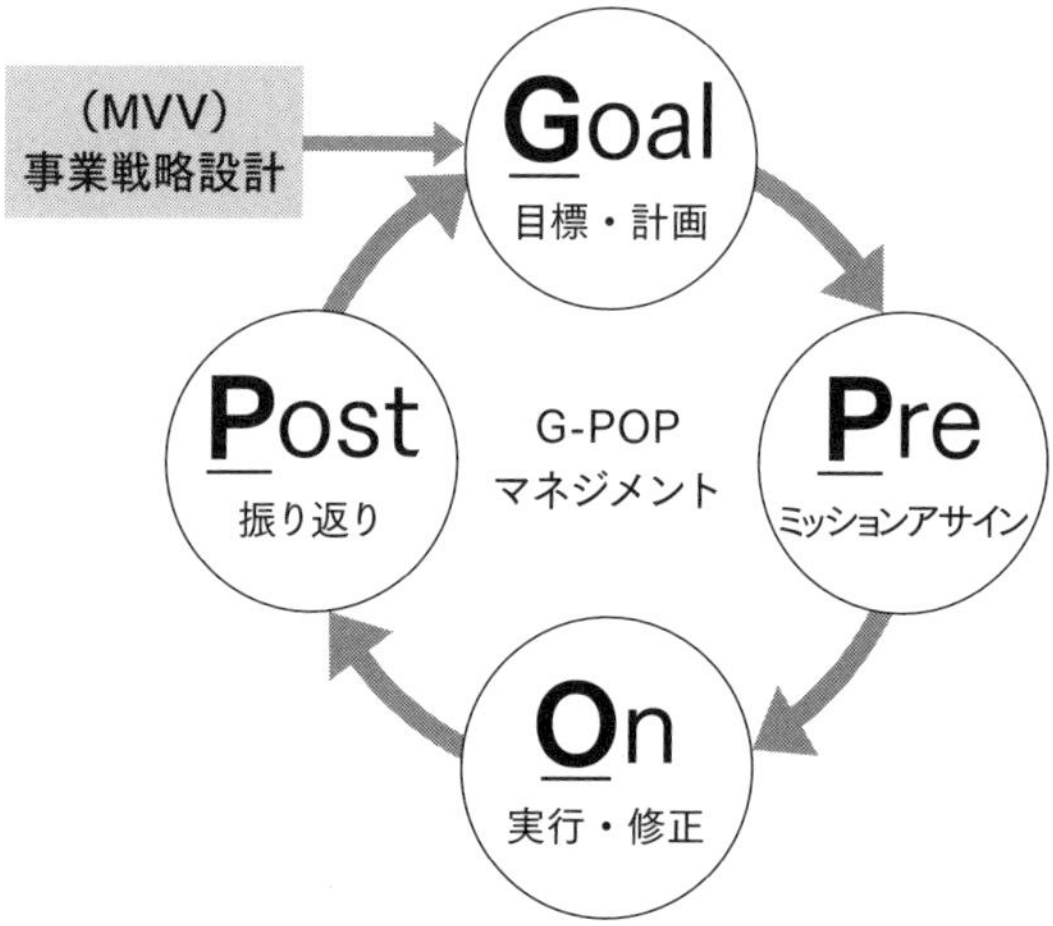

矢印が繋がっているのに気づきます。G－POPマネジメントは、会社全体でも、事業部でも課でも、どのような組織でも活用できます。この図は、事業部や部、課といった組織単位を想定しています。

上位組織があり、その上位組織が決めたことをインプットとして自組織のGoalを設定する前提で書いています。

組織でGoalを設定する際の1つの方法論について触れておきましょう。

事業戦略設計（MVV）についてです。

このパートでは、6つ実施することがあります。

(1) MVV設定

(2) 市場・顧客把握

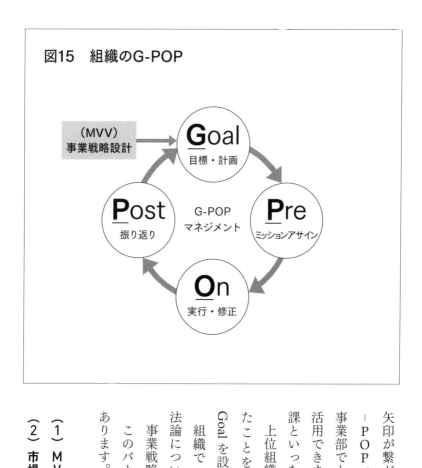

（3）ビジネスモデル特定
（4）目標・戦略設計
❶売上CSF特定
❷コストCSF特定
（5）組織設計
（6）目標・戦略共有

ポイントを簡単に説明します。

（1）MVVとは、「Mission」「Vision」「Value」の頭文字です。会社や組織の存在意義や使命や価値です。会社や組織が中長期に実現したい内容です。

そして、（2）市場や顧客を把握し、（3）自社のビジネスモデルを特定し、（4）目標と戦略を設計します。

そして、これを実現するための（5）組織を設計し、下部組織長（経営者であれば、取締役、事業部長。事業部長であれば部課長。部長であれば課長）に（6）目標・戦略を共有することになります。

これをインプットとして、自組織のG－POPを設計するわけです。

ここで実施するのは、次の5つのポイントです。

❶目標の確認・修正・調整
❷メンバーの「will」「can」把握
❸メンバーの「can」拡大支援
❹ミッション設計
❺戦略共有

最初に行うのは、上部組織から降ろされた「❶目標の確認・修正・調整」です。目標の内容を確認し、必要に応じて修正や調整を行います。次にするのが「❷メンバーの『will』『can』把握」です。will は意思、つまりメンバーのやりたいことを把握します。加えてメンバーの「can」つまり能力を把握します。これは、人は「やりたいことをやる時に最大の成果を出す」という考え方に基づいています。

続いて「❸メンバーの『can』拡大支援」を設計します。特に高い目標を実現するために新たなスキルやレベルが求められる場合、どうやったらメンバーがスキルアップできるかの方法論を考えます。

ここでOff-JT（Off the Job Training=研修）の出番です。あるいはグループコーチング

（GC）によるOJT支援も可能です。本来は、このスキルアップのために必要な知識・技術を習得するために実施するのです。

Off－JTの「本来」は、ミッションを決めて、本人のスキルとのギャップを埋めるために教育を施すのが目的のはずです。しかし、実際にはミッション遂行に必要なスキルとは無関係に、管理職研修などを実施していることが散見されます。

目標を実現するためには「❹ミッション設計」を行う必要があります。

具体的には、目標達成のためのミッションを洗い出し、メンバーがイメージできるレベルまで因数分解することになります。

そして最後に「❺戦略共有」をします。具体的には、自分が担当するメンバーに上部組織から降りてきた目標と計画、そして自分たちがそれを具体的に実行するための戦略を共有するわけです。

ミッションアサインメント（Pre）

ゴールが決まったら、組織のG－POPで次にやることは「Pre」つまり事前準備です。ここで行うのは2つです。

❶ミッションアサインメント
❷モニタリング設計

ミッションアサインメントとは仕事の割り振りです。どの仕事を誰にやってもらうのかを詳細に詰めます。この際に有効なツールがあります。図16をご覧ください。これは私が「ミッションアサインメントツール（MAT）」と呼んでいるものです。

図16　ミッションアサインメントツール（例）

ミッション	想定工数	戦略推進室 A	B	C	D	E	小計	差
	工数	100	100	100	100	50	450	
1 自組織のゴール、KGI案作成	30	30					[illegible]	0
2 推進室全体のゴール、KGI[illegible]	[illegible]	[illegible]	10				[illegible]	0
3 自組[illegible]	[illegible]	[illegible]	20				20	0
プロセス図作成	20		20				20	0
CSF原案作成	20		10			10	20	0
CSF確定	10		10				10	0
4 自組織のKPI確定	[illegible]	[illegible]	[illegible]	30			30	0
KPI原案作成	40			30		10	40	0
KPI確定	[illegible]	[illegible]	[illegible]	[illegible]	[illegible]		10	0
5 自組織のKPI悪化時対策	[illegible]	[illegible]	[illegible]	[illegible]	[illegible]		30	0
対策原案作成	30				20	10	30	0
対策確定	20				20		20	0
6 推進室全体のCSF、KPI確定	[illegible]	[illegible]	[illegible]	[illegible]	[illegible]	[illegible]	30	0
7 推進室全体のKPI定期報告	20	10			10		20	0
会議設計	10				10		10	0
会議運用	[illegible]	[illegible]	[illegible]	[illegible]	[illegible]	[illegible]	[illegible]	0
プロジェクトバッファー	10			10			10	0
GC参加（全員×毎週）	45	10	10	10	10	5	45	0
報告会参加（リーダー×隔週）	20	10	10				20	0
8 書類作成	5					5	5	0

メンバー名を記入

全体工数やメンバー間のタスクのばらつきを確認、微調整し確定

ミッションを記入

必要想定工数（○時間）を記入

各タスクと担当者の交点に工数（時間）を記入

想定工数と各人の工数合計が0になっていることを確認

ミッションアサインメントツールの使い方

具体的に何をやるのかを説明しましょう。

表側《ひょうそく》（表の縦部分）にミッションを記載します。そして表頭《ひょうとう》（表の横部分）にメンバーの名前を記載します。そして交点にミッションシェア（時間もしくは構成比）を記入します。ミッションシェアとは、担当するメンバーの工数（労働時間）全体を100％とした場合、そのミッションに費やす計画の時間比率のことです。

例えば時間の場合、Aさんの半年の労働時間を150時間×6か月＝900時間とします。その900時間をミッションごとに割り振るのです。構成比の場合は、労働時間全体を100％として、その構成比をミッションに割り振ります。これをメンバーの人数分繰り返します。

ミッションを割り振る際に、メンバーの「will」「can」把握、メンバーの「can」拡大支援の内容を確認しながら実施すると効果的です。メンバーの「will」つまりやりたいことや、「can」できることを確認しながらミッションアサインメントを実行するのがポイントです。

「人はやりたいことをやる時に最も成果が出る」からです。結果として、組織としても成果が出る確率が高まります。

先ほど、交点には時間か構成比を書くといいました。どちらが良いのかというと、構成比の方が全体像を掴みやすいのでお勧めです。

構成比で書いておけば、ミッションごとの横合計を計算した場合、そのミッションに携る工数（時間）が分かります。例えば、横合計が200だとすると、1人当たりの仕事の構成比は100％なので、2人分の工数でそのミッションを実現することになります。このように、特定のミッションがどのくらいの工数で実現できるのかチェックできます。

また同じレベルのメンバーを比較して、ミッションの難易度を比較することも容易です。

「ミッションアサインメント」を各レベルに落とし込む

社長や組織長の時に、この「ミッションアサインメントツール」が完成すると、一安心したのを覚えています。私が社長の時は、表頭に配下の役員の名前を並べて、ミッションアサインメントをしました。そして、この「ミッションアサインメントツール」を皆で共有しながら、難易度や実現可能性について議論をしました。

そこで確定した「ミッションアサインメントツール」をもとに、各役員は、自分の配下の組織の全部長を表頭に書いて「ミッションアサインメントツール」を作ります。同じく部長は課長の、課長はメンバーの名前が表頭にある「ミッションアサインメントツール」を作ります。

各階層で「ミッションアサインメントツール」が作れると、個人ごとのミッションシートを作るのはとても簡単です。

図17は事業部のトップである「事業部長」が、配下の複数の「部長」用のミッションアサインメントツールを作成した例です。

「ミッションアサインメントツール」を組織内で共有すると、誰が自分と同じミッションを行っているのかも一目瞭然です。誰に相談したらよいか、誰と情報共有すればよいのかがわかるのです。

余談になりますが、この「ミッションアサインメントツール」を色々な方々が活用してくれています。国外の組織でもたくさん使ってくれています。先日、友人がインドネシアやインドの組織でも導入したという報告や、税理士事務所でも活用しだしたという報告を受けました。オンラインで料理を作るtelecookというコミュニティ事務局でも活用してくれています。かなり活用できる範囲が広いようです。

このステップでは、「❷モニタリング設計」を行って終了です。各ミッションの進捗について、どのようなタイミングで上司に報告するのか、会議体や方法を確定させたらPre（事前準備）は終了です。

図17　事業部のMATの一例

企画統括室ミッション		想定工数	経営企画	戦略推進	購買	採用		人事教育	人事部	小計	差
			鈴木	田中	佐藤	藤本	松本	木村	西川		
		工数	100	100	100	100	50	100	100	650	
組織長	■メンバー育成 ■他組織との協働 ■業務の標準化・見える化 ■働き方改革PJへの協力	60	10	10	10	10		10	10	60	0
企画・総務購買系業務	情報収集（社内・社外）	20	10	10						20	0
	戦略立案および実行	40	20					20		40	0
	ボード会議運営	20	20							20	0
	企画統括部運営	10	10							10	0
	モニタリング（見える化）	10	10							10	0
	総務系業務	20	10							20	0
	広報戦略立案・実行	20		20						20	0
	統括部間共有	20		20						20	0
	ITM統括部運営	20		20						20	0
	ITS統括部運営	10		10						10	0
	購買戦略立案	20			20					20	0
	有利購買	20			20					20	0
	購買業務システム化	20			20					20	0
	購買の見える化	10			10					10	0
	購買業務啓蒙	10			10					10	0
人事系業務	人事企画業務	30						20	10	30	0
	人事・人事教育運用業務	20						20		20	0
	育成戦略立案・実行	20						20		20	0
	採用計画立案・実行	60				30	10		20	60	0
	採用活動の進捗報告・修正計画	40				20	10		10	40	0
	採用目標の達成	60				30	10		20	60	0
	働き方改革	10							10	10	0
	内部統制	10							10	10	0
	イノベーション	70	10	10	10	10	10	10	10	70	0

ＯＪＴを設計（Ｏｎ）

組織のＧ－ＰＯＰの３つめのステップであるOnです。ここで行うのは次の２点です。

❶ＯＪＴ設計
❷実行・修正

この本のテーマである「❶ＯＪＴ設計」を行います。

ＯＪＴは狭義の管理ではありません。組織がGoalに辿り着けるように、支援する仕組み全体のことを指します。そしてこの「❶ＯＪＴ設計」を活用しながら「❷実行・修正」を行っていくわけです。

今まで説明してきたＭＶＶ部分、Goal部分、Pre部分は、組織全体で行うというよりもリーダー＋αで実施可能なパートです。

ところが、On部分はそういうわけにはいきません。関係者は全従業員です。

On部分、つまり執行部分のレベルが向上できると、きわめて生産性が高い組織になります。

加えて、同業も簡単にはマネができない部分になると思うのです。

ここで前述のグループコーチング（ＧＣ）を活用することで、効果的なＯＪＴが実行できます。

振り返りの「Post」が大事

最後の部分です。Post（振り返り）です。

最後に必ずすべきことが組織全体での振り返りです。

かつて所属したリクルートでは、優れた仕事を共有する文化があります。グループ全体でも、私がいた当時はＡＲＩＮＡ（All Recruit INnovation Award）と銘打って全グループメンバーのトップ10人の仕事を共有、表彰していました。

これに加えて、ＩＴ部門、事業開発部門、スタッフ部門、営業部門でそれぞれ10人の仕事を共有し、表彰していました。私自身もスーモカウンターのＫＰＩマネジメントでＡＲＩＮＡを受賞しました。

この手の表彰された案件は、社内報や社内イントラネットでも共有され、そのナレッジが全社で展開可能になります。これ以外にも各グループ会社内でも様々なナレッジの共有の機会を持っていました。私もこの風土の中で育ってきました。

ただ、1点だけ不足していると感じていたポイントがあります。それは、成功しているものだけを共有していることです。前述した通り、成功には偶然の成功があります（表彰される案件は、その偶然の成功を排除しています）。

しかし、失敗は必然であることが多いです。本質通りに実行しても失敗することはあるのですが、本質を外すと必ず失敗するのです。つまり、失敗からも学ぶことがたくさんあるのです。

実際「失敗学」という学問がありますが、たくさんのことが学べます。

私がリクルートにいた時代は、成功したミッションも失敗したミッションも、主要ミッションはすべて振り返りを実施していました。それらの振り返りを通して事業の成功確度が高まりました。

個人のG－POPマネジメントのGoal

個人の仕事のレベルアップをしたい時にもG－POPマネジメントは活用できます。個人で活用する場合のポイントを説明します。

最初のポイントはすごくシンプルな話です。

「まずはGoal（ゴール）を確認しましょう」ということです。

何を当たり前のことを書いているのかと思うかもしれません。

しかし、驚くほどこのGoal（ゴール）を確認せずに「仕事」をしているケースが多いのです。

その会議のGoal（ゴール）はどこですか？

例えば、会議が始まる時に、その会議のGoalを確認しているでしょうか。会議冒頭にその会議のGoalを確認せずに会議資料を説明しだすケースに出会うことがあります。

みなさんはいかがですか？

例えば、定例会議や非定例のミーティングの冒頭でチェックしてみてください。その会議のGoalを確認していないことに気づくのではないでしょうか。

一般的に会議は次の4種類に分類できます。

「❶発散」「❷収束」「❸決議」「❹報告」です。

「❶発散」は、ある案件を検討する際に、できる限り多様な意見を集めるための会議です。発散が十分でないと、良いアイデアは出てきません。発散したら次に「❷収束」させます。多数のアイデアをどのような軸で整理すべきかを決めて収束します。そして「❸決議」です。つまり1つのアイデアを実行しようと決めます。最後に関係者に「❹報告」します。

当然ですが、会議の分類によりGoalが違います。例えば「❹報告」が目的の会議の際に、参加者が、「他にこんなアイデアがある」と「❶発散」の意見をいうのは生産的ではありません。「❹報告」のGoalは、参加者に報告内容を理解してもらうことです。新たな意見は不要なのです。

議題に入る前にGoalを伝えるだけで、無駄な仕事や対立は生まれません。

逆に「❶発散」の会議では、自由に意見を言える雰囲気づくりが必要です。

会議以外にも、例えば仕事の受発注でもGoalを確認しなかったことに起因する問題が散見されます。先日、企画書を作る際に受発注者のGoalが違っていたエピソードを知人が教えてくれました。

発注者である知人は、メンバーに、提示した価格で顧客に納得してもらう資料を作ることを依頼したつもりでした。しかし、依頼を受けたメンバーは、単に見積りを作ればよいと考えていました。Goalが違っていたので、出来上がった資料は知人が期待したものとは大きく異なりました。

仕事を始める前にG－POPの最初のGoal（ゴール）を確認することは重要です。仕事をレベルアップさせるためには、何よりも最初にGoal（ゴール）を関係者で確認する習慣をつけることです。

事前準備としてのＰｒｅ

Goal（ゴール）が確認できたら、そのGoalから逆算して段取りを考えます。実行する前のパートなので「Pre（事前準備）」と名付けています。

Preで行うのは、主に２つのステップです。

❶現状把握
❷解釈

「❶現状把握」は、多様な定量、定性の事実情報を集めることです。ここでは、事実情報と類推や推定情報を分離します。そして現状把握した後に、それを「❷解釈」します。具体的にどうすればよいのか、仮説を立てるわけです。

環境変化に対応するPre

前述したように、私はリクルート時代に何度も大きな異動を経験しました。

このような異動時には、Preの「❶現状把握」「❷解釈」のステップがとても役に立ちます。

新規事業のGoalであれば早期立ち上がり、組織長であれば短期での成果に効きます。

異動・赴任時の重要ポイントとして、Day0、Day30、Day100という表現をすることがあります。

Day0つまり異動初日に何を伝えるのか。30日までにどのような方針を出すのか。3か月目ごろまでに、どのような成功の兆しを生み出すのかということです。

異動した際の「❶現状把握」には、正しい手順があります。

手順1　多様な定量、定性の事実情報を集めること

手順2　「事実情報」と「類推や推定情報」を分離

異動する際、大半の人が前任者からの引き継ぎからスタートします。しかし、これでは現状把握することができません。なぜならば、「多様な定量、定性の事実情報」がなく、さらには「事実情報」と「類推や推定情報」がごちゃまぜになっているため、前任者の情報だけをうのみにしがちだからです。

では、どうすればよいのか。私は次の４つの方法を実施しました。

❶関係書籍を10冊読む
❷社内の関係者で異動部署から遠い人に話を聞く
❸異動部署の戦略資料を読み、歴史表を作る
❹顧客に話を聞く

私は少なくとも❶～❸をしてから、前任者の引き継ぎをしました。これにより、私の中で、その事業が置かれている事実や社内での位置づけを把握することができます。前任者との引き継ぎにおいても、有効な問いができ、より成功確度の高い仮説立案ができるようになります。

個人のG－POPにおけるOnとPost

Pre（プレ）＝事前準備が終われば、実行に移ります。事前準備に時間をかけて最善の仮説ができているので、自信を持って実行ができます。

ここではグループコーチング（GC）によるセルフマネジメントが効果を発揮します。

Postは振り返りのパートです。Pre（プレ）部分でシナリオ、つまり仮説を作っています。それとOn（オン）の実行部分での実際にできたこととの差異を振り返ります。

このPost（振り返り）を仕組み化している人・組織、つまり「学習する人・組織」こそが、進化しやすい人・組織だといえます。

最終章

AIツールで人材の取扱説明書（トリセツ）を活用する

協働ツールteamTakt

GCで利用すると便利な協働ツールであるteamTaktは、codeTakt社の企業向けサービスです。学校向けサービスであるschoolTakt（スクールタクト）が先行開発され、文部科学省のGIGAスクール構想（GIGA = Global and Innovation Gateway for All）の追い風もあり、2020年末にはユーザー数100万人が見込まれる協働ツールです（詳しくはhttp://teamtakt.biz/参照）。

代表の後藤正樹さんとは前述のTTPS勉強会で、共同主催者の鈴木さんから紹介を受けました。初めて見たschoolTaktのユーザインターフェイスとその機能に可能性を感じたのを覚えています。

当時はまだ企業向けサービスであるteamTaktはリリースしていませんでした。しかし、その可能性に興味を持ち、その場で、その週末に実施する某社の幹部研修で活用することを即決しました。

Worklogからトリセツ（個人の取扱説明書）を作る

さらに、中尾塾（経営者塾）でG－POPマネジメントでのGC（グループコーチング）を続けている中で、後藤さんから興味深い提案がありました。

それは、GCで参加者が記載したWorklogをAIでテキストマイニングをして、その人の性格の特徴を出力できるのではないかという内容でした。

もともとteamTaktにはワードクラウドというサービスが実装されているくらいテキストマイニングの技術力がありました。加えて、昨今はIBM社がWatson Personality Insights（テキスト情報から性格特徴を出力できるモジュール）というツールを提供していたり、Google社がBertというテキストマイニングの技術を開示していたりと、テキストマイニングの技術が大きく進化しています。これらを組み合わせることで、有益なアウトプットが出せるのではないかという話で盛り上がったのです。

盛り上がったのは良いのですが、さてこれはどのような価値があるのかということを考えました。なぜならば世の中には、従業員の性格や特徴を把握するためのツールは山のようにあるからです。それらと比較して、有効なデータになるのかを検証する必要があります。

従業員の特徴を把握するためには、何らかの情報をインプットし、それを加工し、アウトプットします。そしてそのアウトプットを活用することになります。

そこで、以下のような3つの観点で整理をしてみました。

❶インプット情報の特徴
❷アウトプット情報の可能性
❸アウトプット情報の具体的な活用方法

❶インプット情報の特徴

インプット情報に関しては、恣意性を低くできるかどうかが重要です。恣意性とは、対象の人が、自分をよりよく見せようなど特定の意図をもって働きかけることです。

結論からいうと、G－POPフォーマットから得られるインプット情報は、恣意性が低いと考えられます。つまり、その人本来の仕事上の特徴をインプット情報にできる可能性が高いのです。

通常、個人の特徴などを把握するためのインプット情報は、アンケートやインタビューが思いつきます。アンケートの場合、本人がアンケートなどの設問肢に回答し、それをインプット情報にします。インタビューの場合は、インタビュアーが設問肢に則《のっと》り質問を行い、対象者からの回答をインプット情報にします。

アンケートの場合は本人の恣意性が入る可能性があります。インタビューの場合は、インタビュアーと対象者（本人）の両方の恣意性が入る可能性があります。

私はリクルート時代、適性検査を作る子会社や調査を行う部署の責任者をしていました。当時は、アンケートの設問肢に工夫をしていて、自分をよりよく見せる傾向を把握できる設問を入れる、インタビュアーに対して教育を行う、あるいは設問を工夫することで、恣意性の排除をしていました。

ただ、そのような恣意性を排除する技術がない場合、恣意性のある回答をインプット情報としている可能性は排除できません。

一方で、GCのG－POPフォーマットに記入した内容はどうでしょうか。アンケートやインタビューと同じく、本人が記載します。その意味では、恣意性は排除できません。

しかし、GCのG－POPフォーマットに記載した内容は、少なくとも同じチームの3名が目を通します。ファシリテーターも目を通します。

つまり、恣意的な情報が書きにくい環境にあるのが分かると思います。

またこのフォーマットはteamTakt上に格納して、参加者は誰でも閲覧可能になっています。

多くの人が見られる状態なのです。これも恣意的情報を排除しやすい環境です。

加えて、毎週実施しているので、継続的に恣意的情報を書くとつじつまが合わなくなるので、これも結果として恣意的情報を排除する力が働きます。

しかも、アンケートやインタビューのように、一時的な情報ではなく、一定期間にわたる情報なので、より安定したインプット情報になることが想像できます。

つまり、GCでのG－POPフォーマットに記載された内容は、かなりその人の仕事上の実態に近いインプット情報であることが想像できるわけです。

❷アウトプット情報の可能性

前述のようにcodeTakt社の後藤さんからは**「個人の性格の特徴」**がアウトプットできるという提案をもらいました。IBM社のWatson Personality Insightsというモジュールを活用すると、テキスト情報から、その人の特徴をアウトプットできるのです。これだけでも有用なアウトプットです。

しかし他にもアウトプットができないかと考えました。

そこで思いついたのが、**「仕事の仕方の特徴」**が出るのではないかということでした。そもそもG－POPはハイパフォーマーや様々な書籍から整理した仕事の進め方のエッセンスです。その仕事の進め方に準拠すると、ある一定以上の仕事の成果を出す可能性が高まります。

ある意味、仕事をするための「型」のようなものです。その「型」と比較して、その人のどこに問題がありそうなのかをアウトプットできると、有益な情報になるのではと考えたのです。つまりアウトプットとして「個人の性格の特徴」に加えて「仕事の仕方の特徴」もアウトプットできそうだと考えたのです。

さらに、それぞれの人が書いた大量のテキスト情報があるわけです。メンバー同士の違いの見える化、つまり**「組織の多様性」**もアウトプットできると考えられます。

❸アウトプット情報の具体的な活用方法

次に考えたのは、この「仕事の仕方の特徴」「個人の性格の特徴」「組織の多様性」という3つのアウトプット情報は、企業や組織にとって、どのように役立つ可能性があるのかを考えました。

まず**「仕事の仕方の特徴」**です。もしもあるメンバーが成果を出せないとするならば、「仕事の仕方」に問題があるのかもしれません。それが把握できれば、そのメンバー自身がセルフマネジメントできます。あるいは周囲がアドバイスをすることもできます。

そのアドバイスにより、メンバーの仕事の進め方が変わり、成果が出るようになれば、価値がありそうです。いわゆる「人材開発」の観点で役立ちそうです。

あるいは、基本的な仕事を担当しているメンバーが、「仕事の仕方」がきちんとしていて、成果も出ているとするならば、より難易度の高い仕事を任せるきっかけになるかもしれません。これは「人材発掘」の観点で役立ちそうです。

「個人の性格の特徴」は、どうでしょうか。次節で解説しますが、Watson Personal Insightsでは、性格のBig5（5つの特徴）とその人のニーズ（欲求）とバリュー（価値）の7項目を把握することができます。チームメンバーそれぞれが、それぞれの7項目をお互いに知っていると相互理解が進む可能性があります。「人材育成」や「チームビルディング」の観点で役立ちそうです。

あるいは、そもそもどの仕事や部署でのミッションに適合しそうかにも活用できそうです。これは「人材配置」に活用できそうです。

そして、**「組織の多様性」**については「人材配置」に活用できそうです。平時は、「類似の人」がチームで仕事をした方がうまくいく可能性は高いのですが、混乱時やトラブル時やイノベーションを起こしたい時は、「多様な人」でチームを作った方がうまくいく可能性が高そうです。

では、具体的な活用イメージについてアウトプットの事例を見ながら説明していきましょう。

AI分析で実現する「仕事を通じた本人の志向・特徴」の見える化

186ページの図18は、IBM社が提供するテキストからその人の特性を推定するAIツール「Personality Insights」（https://personality-insights-demo.ng.bluemix.net/）のデモ画面で、スピーチのテキストをもとに分析したオバマ元大統領のサンプルです。

Big5と呼ばれる個人の特性と「欲求」「価値」を加えた情報がアウトプットされているのが分かります。図18の上の図はそれぞれの要素をサンバーストチャートにしたものです。

グループコーチング（GC）で蓄積したG－POPフォーマットのテキスト情報を使って、このようにメンバーの特性を分析することが可能となります。

Big5の5つの要素は、「協調性」「誠実性」「外向性」「情緒不安定性」「開放性」からなります。それぞれの要素が表しているのは、次のような傾向です。

図18　AIツールで分析した個人のトリセツ
（オバマ元大統領の例）

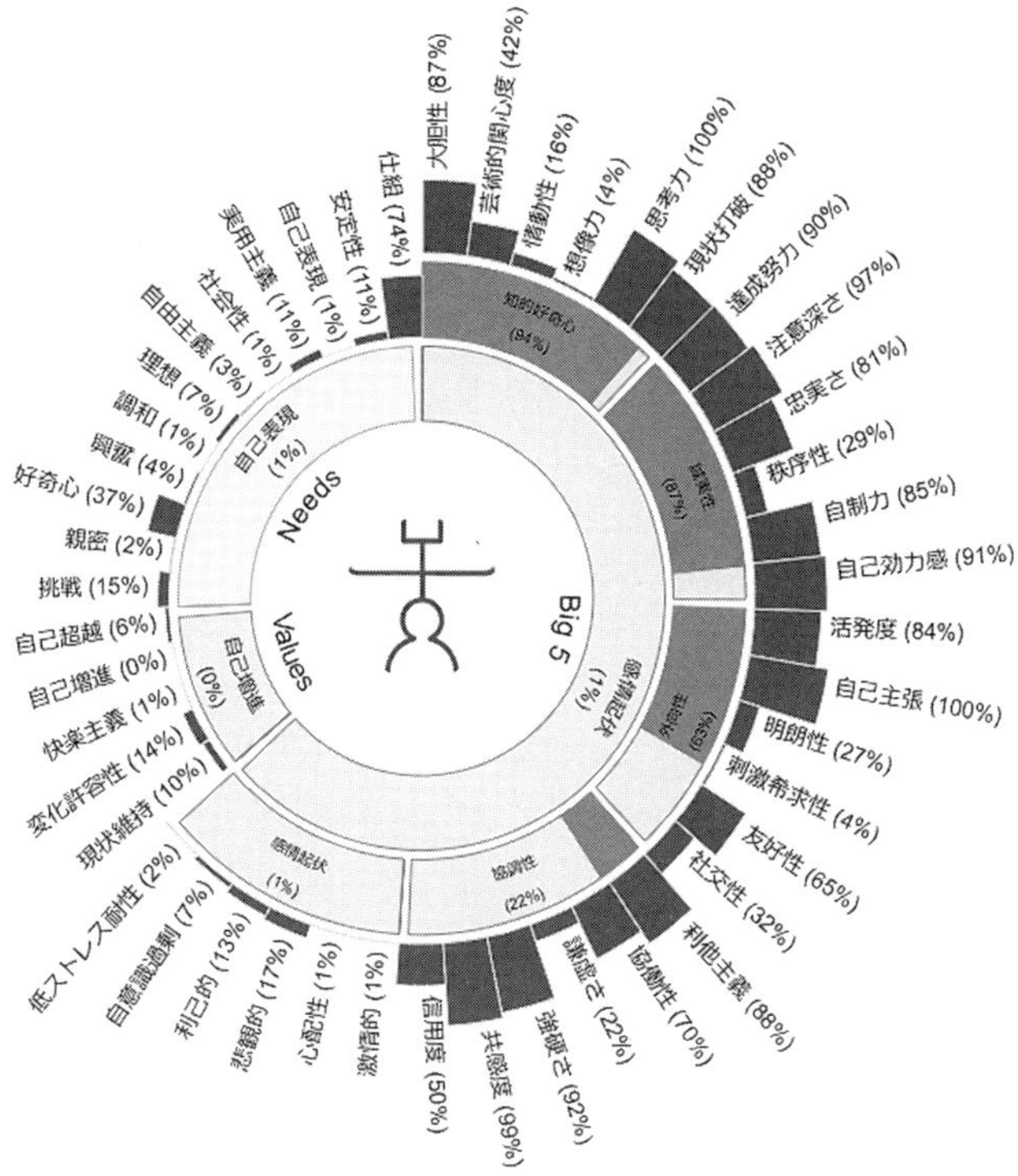

％＝百分位数

ビッグファイブ-個性

知的好奇心 94%

誠実性 87%

外向性 63%

協調性 22%

感情起伏 1%

％＝百分位数

欲求

仕組 74%

好奇心 37%

挑戦 15%

実用主義 11%

安定性 11%

％＝百分位数

価値

変化許容性 14%

現状維持 10%

自己超越 6%

快楽主義 1%

自己増進 0%

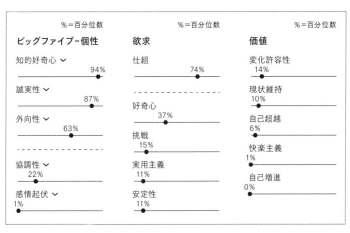

「協調性」は、他人に対して思いやりを持ち協力的になる個人の傾向です。

「誠実性」は、組織的な思慮深い方法で行動する個人の傾向です。

「外向性」は、他人との付き合いで刺激を求める個人の傾向です。

「情緒不安定性」は、神経症的傾向または自然な反応とも呼ばれ、個人の感情が環境に左右される程度です。

「開放性」は、個人が様々な活動の経験に対してオープンである程度です。


これらBig5の要素は、それぞれの上位要素に対して、下位に6つの要素を持つ階層構造になっています。

「協調性」：❶利他的、❷協調性、❸謙虚さ、❹誠実、❺共感性、❻人を信じる
「誠実性」：❶達成努力、❷思慮深さ、❸責任感、❹秩序性、❺自制力、❻自己効力感
「外向性」：❶活発度、❷自己主張、❸肯定的感情、❹刺激希求性、❺外向性、❻社交性
「情緒不安定性」：❶怒り、❷心配性、❸憂鬱、❹利己的、❺自意識過剰、❻低ストレス耐性

「開放性」：❶冒険、❷芸術的興味、❸情動性、❹想像力、❺知的好奇心、❻自由主義

これら性格特徴に加えて、ニーズとバリューを把握することができます。ニーズは、個人の共感を呼ぶ商品の側面を説明します。このニーズには、下位に12個の特徴ニーズがある階層構造になっています。

「ニーズ」：❶興奮、❷調和、❸好奇心、❹理想、❺親近感、❻自己表現、❼自由、❽愛、❾実用性、❿安定性、⓫挑戦、⓬構造

同じくバリューは、個人の意思決定に影響を与える動機付け因子を説明します。このバリューも階層構造になっていて、5つの価値があります。

「バリュー」：❶他人の役に立つ、❷伝統、❸快楽主義、❹成功する、❺変化許容度

これらの情報がグループコーチングのＧ－ＰＯＰフォーマットのテキスト情報から把握できるのです。まだ研究段階ですが、時期や環境によってテキストマイニングの結果も変わるかもしれ

図19　テキスト情報から分析する
AIツール IBM「Personality Insights」

●ツールの詳しい情報はこちら

https://cloud.ibm.com/docs/personality-insights?topic=personality-insights-models&locale=ja

●デモ画面

https://personality-insights-demo.ng.bluemix.net/

操作手順

①「テキスト入力」を選択
②「任意のテキスト」を選択して空欄にテキストを入力する
③「分析」をクリック→結果が表示される
④ サンバーストチャートを表示する場合は
「結果をサンバーストチャートで見る」を選択

ません。この情報を参考に、その方の人材配置をすることができれば、異動等によるミスマッチが起きにくくなるでしょう。

また、採用活動でも、インターンシップなどを行っている時に、GCを実施する、あるいはG－POPフォーマットでセルフマネジメントを実施することで、新人の特徴を把握でき、配属先の仕事とのミスマッチが起きにくくなるでしょう。

当然、新人研修でも同様の成果が期待できるはずです。

実際に作成したトリセツの例

図20・21に、トリセツの一例を紹介し

ましょう。これは私自身の実際の2か月分のGCのテキストデータから作成したトリセツです。私についての2つの情報が分かります。

❶「5つの力」＋「ポジネガ指数」

❷Big5性格分析＋Needs & Value

❶では、私の仕事の進め方が分かります。評価はS、A、Bの3段階です。私の仕事の進め方はすべてA以上ですので、大きな問題はない事がわかります。書かれたテキストのうち、ネガティブな言葉が0・6％ときわめて低いのがわかります。前向きに仕事に取り組んでいるようです。

❷では、私の仕事上での性格がわかります。こちらも3段階評価です。

図21はトリセツの2ページ目にあたり、5つの力とポジネガ指数の時系列の変化を見ることができます。また、Big5の詳細内訳と、Need & Valueの棒グラフ表示が確認できます。

私にとって重要な仕事は、「挑戦」「好奇心」「興奮」「理想」「自由」「実用性」などであり、「変化許容性」が高い点に価値を感じることが分かります。どのような仕事や環境を与えると私が活躍できるのか、これで具体的にイメージができると思います。

図20　中尾隆一郎のトリセツ①

個人結果：中尾　隆一郎 様
データ期間：2020年4月12日-2020年6月7日

teamTakt

1　「5つの力」＋ポジネガ指数

Goal計画力
ゴールに関連する計画を作る力
判定 A→
平均的にGoalの内容を計画に反映できている週が多かったようです。よりGoalを意識して計画を立案してください。

現状把握力
事実に基づく結果により現状把握する力
判定 S→
高いレベルで計画に対して結果が記載できている週が多かったようです。引き続き「事実」ベースで現状把握してください。

振り返り力
計画と結果のギャップを振り返る力
判定 S→
高いレベルで計画と結果のギャップを振り返りができている週が多かったようです。引き続き継続ください。

振り返り反映力
解釈した内容に関連する計画を作る力
判定 A→
平均的に振り返りを次の計画に反映できている週が多かったようです。Goalと振返りを参考に次の計画を作ってください。

継続力
先週に決めた計画を実行する力
判定 S→
高いレベルで先週の計画を今週の計画に反映できている週が多かったようです。引き続き継続ください。

ポジネガ
ポジティブな言葉を使う力/ポジティブな言葉を使う割合、中立な言葉を使う割合、ネガティブな言葉を使う割合

ポジティブ	中立	ネガティブ
14.4%	85%	0.6%

高いレベルでポジティブな言葉を使っている週が多かったようです。引き続き継続ください。

2　BIG5性格分析＋Need&Value

開放性
判定 S
知的、美的、文化的に新しい経験に開放的な傾向

誠実性
判定 S
責任感があり勤勉で真面目な傾向

外向性
判定 A
興味関心が外界に向けられる傾向

協調性
判定 A
バランスを取り協調的な行動を取る傾向

情緒不安定性
判定 B
落ち込みやすいなど感情面・情緒面で不安定な傾向

Need：欲求
高　自由
低　調和
最も欲しているものと欲していないもの

Value：価値観
高　変化許容性
低　快楽主義
最も大事にしているものとしていないもの

図21　中尾隆一郎のトリセツ②

「5 つの力」の変化

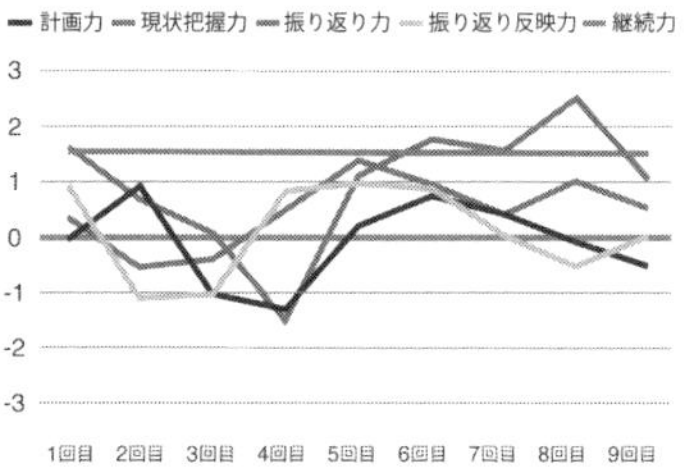

ポジネガ指数の変化

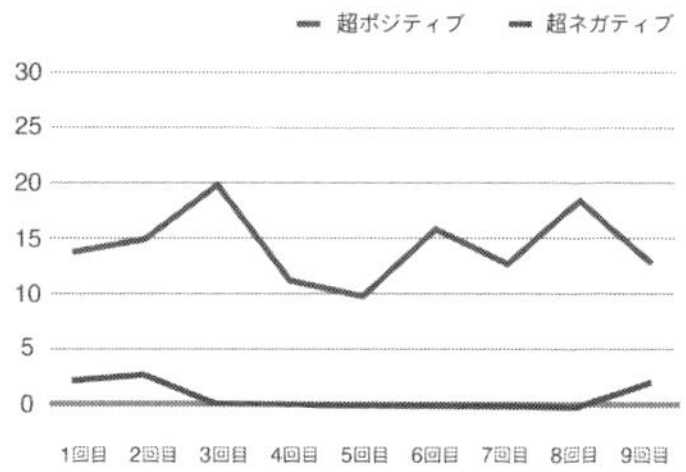

BIG5 性格分析

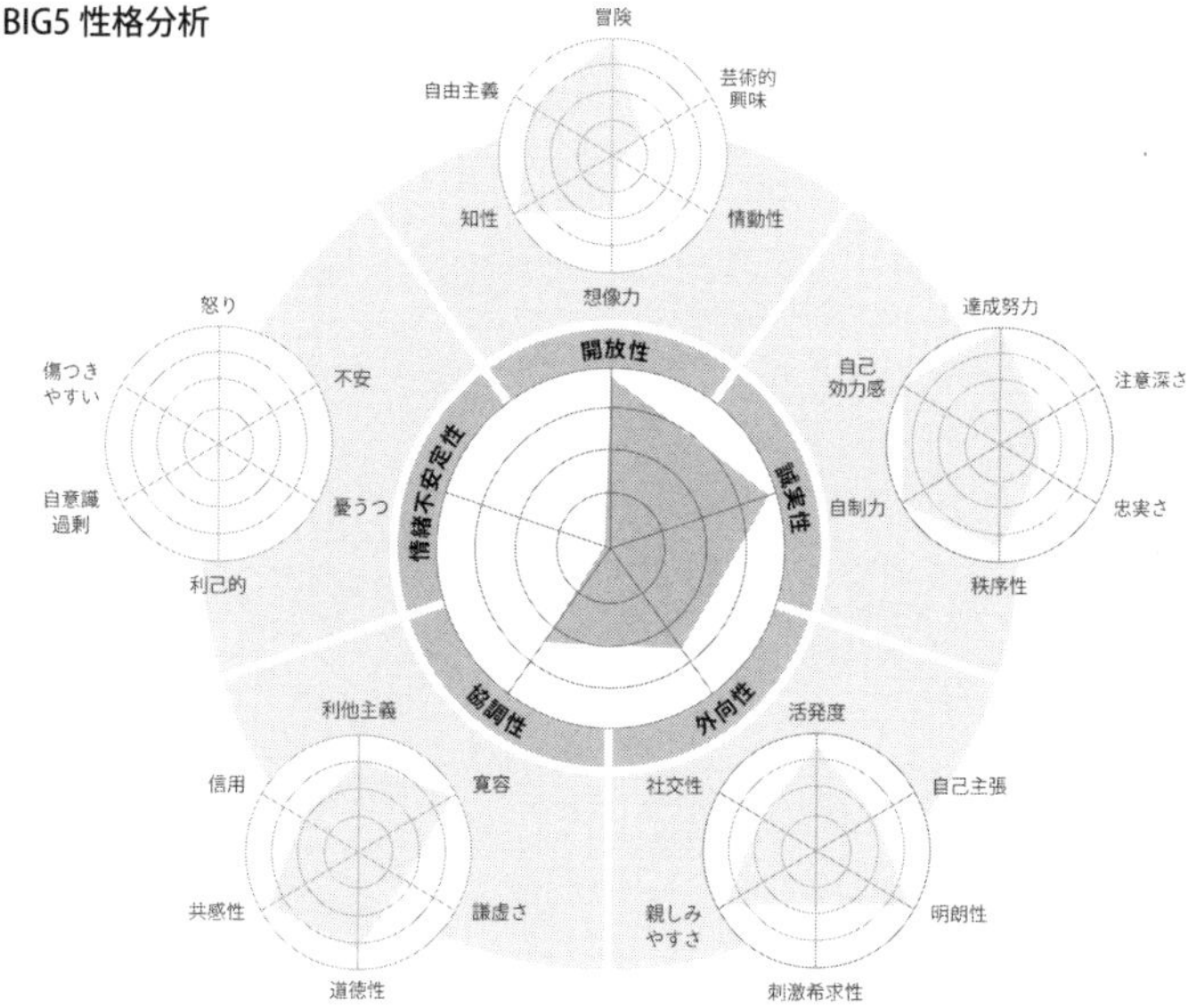

Need&Value 詳細

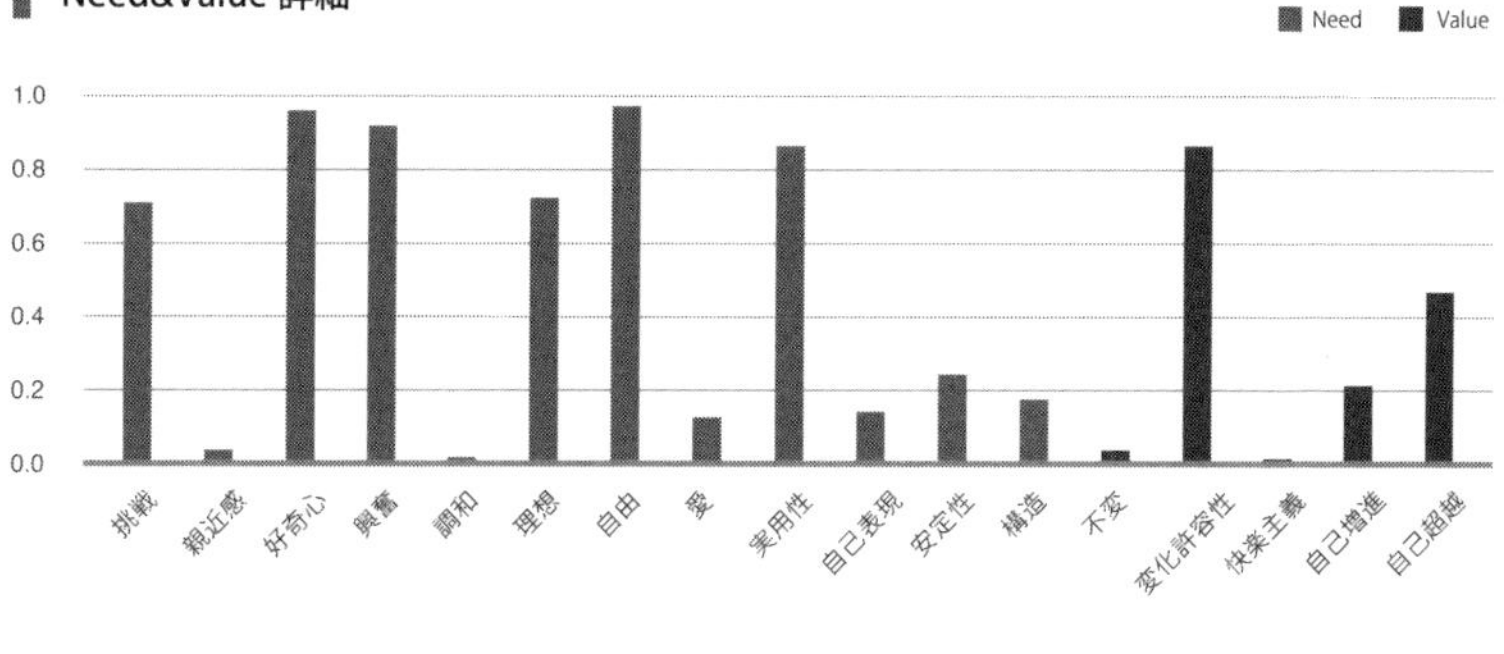

相互理解を深めるために使える「ジョハリの窓」の考え方

仕事を通じて記録されたWorklogをＡＩでテキストマイニングをすることで、それぞれ個人の取扱説明書（トリセツ）をつくることができるようになります。

従来、個人の志向や特徴などは、アンケートやインタビューなどで作成されていました。しかし、それは本人が書いたり話をしたりした恣意情報により作成されます。ところが、このトリセツは、仕事を通じて記録されたWorklogから作成します。その精度が高いのは想像いただけると思います。

人材マネジメントへのトリセツの応用

ここでは、「人材採用」「人材配置」「人材育成」「人材発掘」への活用について説明します。

人材採用がうまくいく、人材配置がうまくいく、人材育成がうまくいく、埋もれた優秀な人材が発掘できる。

これらの共通の必要条件は「相互理解」です。

相互に相手のことが理解できているとうまくいきますが、しかし、お互いが分かっていないとうまくいきません。

例えば、人材採用では「応募者」と「選考者」がそれに当たります。人材配置では「従業員」と「上司や人事部門」。人材育成では「従業員」と「上司や教育部門」。人材発掘では社内であれば「従業員」と「必要な部署」がそれに当たります。

両者が相互理解できていないことが一因で、新卒採用においては、大卒の3割、高卒の4割が入社3年以内に離職をします。しかもそれはここ数年の話ではありません。数十年もずっと同じ傾向です。

つまり、採用活動はここ数十年アップデートされていないのです。

もちろん、転職が悪いと言いたいわけではありません。合わない会社に長くいる必要はありません。**しかし、入社前に相互理解ができていれば、このミスマッチは防げたのではないでしょうか。**

「ジョハリの窓」を活用する

相互理解の状況をイメージしていただくために図22をご覧ください。

これは**「ジョハリの窓」**と呼ばれている図です。

心理学者のジョセフ・ルフト（Joseph Luft）とハリントン・インガム（Harrington Ingham）の両名によって1955年に考案された概念です。

ジョハリの窓とは、自己と他者の両方から見た「自己の領域」を表すもので、対人関係の進展や自己理解に利用され、ビジネスにおいての能力開発にも効果を発揮するといわれています。

具体的には、自分自身が見た自己と、他者から見た自己の情報を分析することで、次の4つの窓に区分して自己を理解します。

❶公開の窓　自分も他人も知っている自分の特性
❷盲点の窓　自分は気づいていないが他人は知っている特性
❸秘密の窓　他人は知らないが自分は知っている特性
❹未知の窓　自分も他人も知らない特性

図22　ジョハリの窓

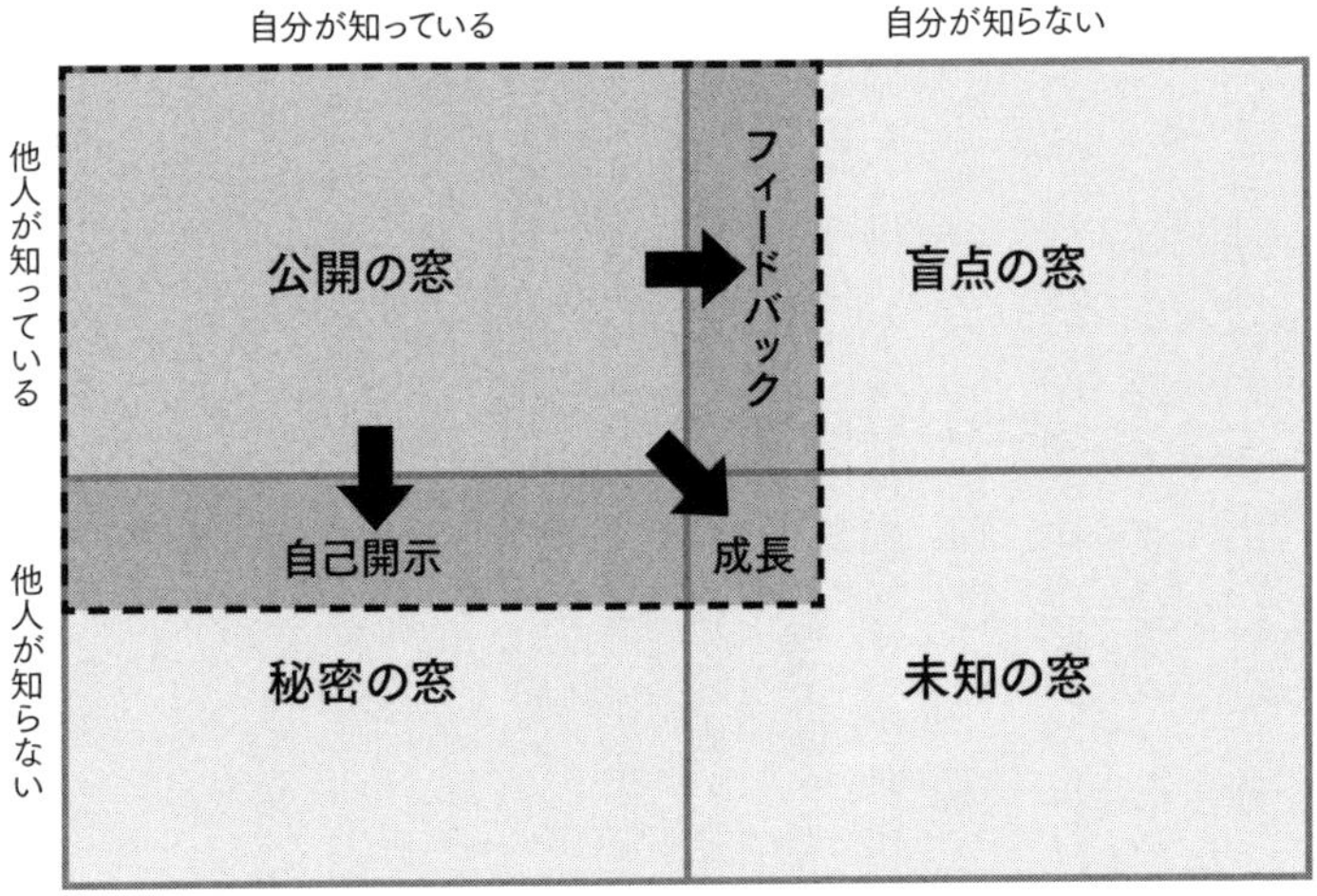

一般的には、「公開の窓（自分も他人も知っている特性）」を広げ、「未知の窓（自分も他人も知らない特性）」を狭めていくことが良いとされています。

これを実現するためには3つの方法があります。

自己開示することで組織は強くなる

まず1つめとして、公開の窓を秘密の窓方向に広げる方法があります。これは、自分は知っているが他人は知らない特性を仲間に伝えることです。**「自己開示」**といいます。

秘密といっても、プライベートのこと

ではなく、仕事上で「自己開示」するという意味です。

「仕事上での自己開示」とは、一般的には苦手なことや不得意なことを指します。

『なぜ弱さを見せあえる組織が強いのか』（ロバート・キーガン他著）に詳しく載っていますが、**自分の苦手なことを伝え、周囲に助けを求めることができる組織が、結果的に業績が良いことが知られています。**業績が良くない組織は、周囲に自分の弱さを見せることができず、それを取り繕うために時間や神経を使っているのです。それでは業績を拡大できるわけがありません。

GCを継続することで、メンバー間の関係性が構築でき、自然と仕事上の秘密を伝えられるようになっていきます。しかもその「秘密」もG－POPフォーマットに則って記載していく中で、解消されていくのです。

フィードバックすることで盲点に光を当てる

2つめは、公開の窓を盲点の窓方向に広げる方法があります。これは、他人は知っているけど、自分は知らない特性を自分が知ることです。**「フィードバック」**といいます。

この盲点の窓にあたる特性は、本人の強みである場合と、弱みである場合があります。本人が自覚していないのが、案外「強み」であるケースも少なくありません。本人にとっては当たり前にやっていることが、他人にはできないことだったりするのです。

G－POPフォーマットはハイパフォーマー分析を1つのインプットにしています。**しかし、ハイパフォーマー分析はなかなか難しいのが実情です。なぜならば、ハイパフォーマー本人に聞いても好業績の原因分析がずれているケースが多いのです。彼らにとっては当たり前の行動がハイパフォーマンスの秘訣だったりするからです。**

では、どうすればよいのか。ハイパフォーマーとミドルパフォーマーの行動を比較することで、好業績の本当のポイントが把握できるようになります。そのポイントがまさにハイパフォーマーにとっての**「盲点の窓」に当たる特性**なのです。

例えば、GC内で、自分の1週間の説明を行った後に、周囲の参加者から感じたことを聞くことでそのヒントやきっかけが得られます。また、本人も他人の説明の後に自分が感じたことを率直に伝えることで、その人の盲点の窓を小さくすることに貢献できます。また、トリセツでは、個人の性格・特徴が分かりますので、ここから多くの学びが得られるのです。

自分も他人も知らない未知の領域を広げる方法

3つめは、公開の窓を未知の窓側に広げる方法があります。これは、自分も他人も知らない特性を、自分も他人も知ることです。**「成長」**といいます。

これは、自分も他人も知らないので、GCだけでは広げることはできません。

ここでAIを使ったトリセツが活用できるのです。トリセツは、参加者がGCのG‐POPフォーマットに記載したWorklogをインプットにしています。ここからの情報をAIで分析したものがトリセツの情報です。ここには、自分も他人も知らない特性が見つかる可能性があります。

つまり、G‐POPフォーマットを活用したGCや、Worklogをインプット情報にしたトリセツを活用することで、ジョハリの窓における「公開の窓」の領域を広げることができるのです。

しかも、トリセツや毎週のG‐POPフォーマットの内容を相互開示することで、相互理解が進みます。

その結果、その人の特徴や仕事の進め方の強み弱みが理解しやすいので、適切な人材配置が可能になります。そして、強み弱みが分かっているので、人材育成の方針も立てやすくなります。

会社が新たなプロジェクトを立ち上げた際にも、必要な人材の発掘が容易となります。

人材採用においても、例えばインターンシップの期間中に毎日日報を書いてもらうフォーマットをG‐POPフォーマットを援用することで活用できます。その情報をインプットとしてトリセツを出力すれば、人材採用のための有力な参考情報が得られるはずです。

おわりに

私は、中尾マネジメント研究所という会社を経営しています。おわかりの通り、社名に自分の名前を付けています。どうして自分の名前を社名につけたのか。かなり葛藤しました。

『ブラックスワン』を書いたナシーム・ニコラス・タレブの最新作『身銭を切れ』を先日読んだところ、「オーナーの名前を冠する商品や企業は、ものすごく貴重なメッセージを発している。『私には失うものがある』と大声で叫んでいる。企業への献身、商品への自信、その両方を現わしている」という一節がありました。

まさに、こんな感じでした。社名を付けた時に、商品への自信はありませんでした。しかし、提供するサービスを良いものにする。恥ずかしいものを提供しないという気概は持っていました。そして、これから、必ずそうするという宣言でもありました。

一方のマネジメントと研究。これは、人生をかけてマネジメントを研究していこうという意思を表しています。研究というと研究者や学者だけがするのだと思われる方も多いかもしれません。私は、この本で紹介したG－POPマネジメントのサイクルを回す経験学習こそ、実社会での研究だと考えています。つまり、研究は誰でも実践できる方法だと思うのです。

そしてマネジメント。ここ2年で本書を含めて数冊のマネジメントの本を書きました。現在では「マネジメントは何か」が、かなり分かってきています。もちろんマネジメントは深いので、一生研究をし続けるのだと思います。

こんな私ですが、穴があったら入りたいと思うようなマネジメントでの失敗経験があります。その失敗経験があったので、その後しばらく、私にはマネジメントはできないのだとトラウマになった時期もありました。

マネジメントはスキルなので、学べば誰でも習得できます。主要スキルは2つ。PM（Project Management＝仕事を進めるスキル）とPE（People Empowerment＝自分も含めた人をやる気にさせるスキル）です。

当時の私は、我流のPMスキルは少しあったものの、PEは全くありませんでした。

結果、メンバーから総スカンを食らったのです。

タイミングは社会人3年目になった1992年4月でした。91年3月まで大阪で営業をしていた私は、横浜に異動になりました。若い人ばかりだったリクルートで、私は社会人3年目でリーダーという肩書をもらいました。メンバーは8人ほど。

その中には、入社4~5年目の先輩も含まれていました。現在では社歴が上の人がメンバーになることも不思議ではありません。しかし、当時はあまり例がありませんでした。私は大学院卒なので、同期の大卒と比較すると2歳年上でした。結果、入社5年目の先輩と同い年、入社4年目の先輩とも同い年でした。かなり後になって、人事が私の年齢から入社年度を間違ったという笑い話が理由だったというオチがありました。

大阪時代に業績を挙げていて、栄転だと勘違いしていた私は意気揚々と横浜に赴任しました。しかも先輩がメンバーに。抜擢人事だと信じ切っていました。

しかし、これが大間違いでした。

実は、大阪で業績を挙げられたのは、周囲の先輩スタッフのおかげでした。私が猪突猛進に営業し、穴だらけの案件を周囲の先輩スタッフが、私の気づかないところでフォローしてくれていたのです。それを自分の実力だと過信していました。

ところが赴任先の横浜では、そのような先輩スタッフはいません。どちらかというと私よりも入社年次の若いスタッフが、きちんとした教育も受けずに必死に何とか仕事をしていたのです。私は、そんなスタッフに対して、大阪のベテランスタッフと比較し、叱責し続けました。仕事なのだからやるのは当たり前だと「べき論」を振りかざしていたのです。

先輩メンバーからは、何度も他のスタッフとの関係性を改善するためのアドバイスをもらいました。しかし、当時の私は聞く耳を持たずに、どんどん孤立していったのです。弱さを見せられなかった私は、人に頼らずに、何でも自分で仕事をし、その孤立は時間とともにひどくなっていきました。

1992年の事です。今から考えるとバブルがはじけた瞬間でした。

企業の採用関連の仕事をしていた私たちは、受注するそばからキャンセルの連絡が来る始末でした。当然ながら業績も上がらない。関係性は最悪です。復活の兆しも見えません。

しかし、バブル崩壊での業績悪化がひどかったので、幸か不幸か私のマネジメントスキル不足は露呈しませんでした。

結局、私は何も改善できずに、その数年後に異動するまで、状況は変わりませんでした。当時の私には、マネジメントのスキルが不足していました。おまけに「管理職は偉い」と勘違いしていたのです。

その後、私はプロジェクト単位で仕事をアサインされるような仕事の仕方を続けていました。何かテーマを与えられ、それに必要なスタッフを社内外から集め、そのテーマを解決する。そんな仕事を繰り返していました。つまりＰＭは必要だけれど、ＰＥはそんなに必要ではない仕事です。おかげで私のＰＭ能力はどんどん高まっていきました。


ところが、ある案件をきっかけにリクルートマネジメントソリューションズ（ＲＭＳ）という子会社の立ち上げのために出向することになりました。この時の立ち上げメンバーは、とても気持ちの良い人たちが多かったのを覚えています。

同社は、企業研修や適性検査、人事制度策定、企業組織風土の活性化などを主なサービスとしていました。私は、全社横断でマーケティングの責任者をしていた関係で、これらのサービスの事を深く学ぶ機会を得たのです。

ここでマネジメントの基礎から習得することができました。ちょうどマーケティング組織のメンバーが「やる気はあるけど、スキルがない」という若いメンバーが多かったため、私が学んだマネジメントや過去に習得したスキルを伝えると、スポンジが水を吸い込むようにどんどん成長してくれたのです。

ここでPEのスキルを学び、実践する機会を得られたのが幸いでした。とても気持ちの良い組織で、マネジメントを学びながら、実践・習得する機会を得られたのです。

その時初めて、「マネジメントは面白い。これを極めたい」と思いました。

私のように自分勝手でダメダメだった人間でも、マネジメントのスキルを学べばマネジメントができます。繰り返しになりますが、マネジメントはスキルです。スキルなので習得できます。

逆にいうと、この2つのスキルを持っていない人をマネジメント職につけてはいけません。それは医師免許のない人が外科手術をするようなものです。

今でも自分の若い時の過ちに関しては、穴があったら入りたいと思っています。今でも当時のメンバーと話をすると、お詫びの気持ちでいっぱいになります。

この本が、みなさんのマネジメントスキル習得に少しでも役立てばうれしいです。そしてG－POPマネジメントを実行する仲間になってくだされば、さらになおうれしいです。

2020年10月　中尾隆一郎

【最後に】

この本は、事前にメッセンジャーグループで意見をもらいながら書きました。私を含めて25名です。ということで、メッセンジャーグループの名前は「ＯＪＴを再発明する25名の仲間たち」。グループのみんなのアドバイスの文字数を合計すると実に「2万字超」でした。量だけではなく、様々な立場、経験から多種多様な参考になるアドバイスをくださいました。

みなさんのお名前をここに記します。みなさんの協力のおかげで、より良い本になったと感じています。ありがとうございました。

（敬称略・五十音順）

青柳未央　石井聡　伊集院裕子　大貫聡一郎　加藤めぐみ　片山立　川島進一　川本裕二

菊池颯花　後藤正樹　小西晃之　酒匂光晴　西條美雪　澤端美佐子　三野未恵　鈴木利和

高尾俊行　寺崎翼　花房宣孝　星野英伸　増田浩佑　毛利雅一　守屋茂樹　吉田美香

【著者プロフィール】

中尾隆一郎（なかお・りゅういちろう）

株式会社中尾マネジメント研究所（NMI）代表取締役社長
株式会社旅工房取締役・株式会社 LIFULL 取締役
1964 年 5 月 15 日生まれ。大阪府出身。

1987 年大阪大学工学部卒業。89 年同大学大学院修士課程修了。リクルートに 29 年間勤務。89 年株式会社リクルート入社。主に住宅、人材、IT 領域を歩み、住宅領域の新規事業であるスーモカウンター推進室室長時代に同事業を 6 年間で売上 30 倍、店舗数 12 倍、従業員数を 5 倍にした立役者。

リクルートテクノロジーズ代表取締役社長、リクルート住まいカンパニー執行役員、リクルートワークス研究所副所長を歴任後、2019 年 3 月株式会社中尾マネジメント研究所（NMI）を設立。

リクルートテクノロジーズ社長時代は、優秀な IT 人材を大量に採用、かつ早期戦力化することで、リクルートグループ全体の「IT で勝つ」という方針実現に貢献。リクルートグループに管理会計の仕組みを導入したほか、顧客から求人広告の対価をストックオプションで得るスキームを国内で初めて実現させた。

メディアの学校（リクルート社内大学）の「KPI マネジメント」「数字の読み方・活用の仕方」の講師として 11 年間、受講者 1000 名超を担当。

中尾マネジメント研究所設立後は、世の中に役立つ会社の支援を中心に、気持ち良い方々と一緒に仕事ができることを大事にしながら、経営者塾の中尾塾、業績拡大コンサル、経営者メンターなどで貢献中。

専門は事業執行、事業開発、マーケティング、人材採用、組織創り、KPI マネジメント、管理会計など。良い組織づくりの勉強会（TTPS 勉強会）主催。

おもな著書に『「数字で考える」は武器になる』（かんき出版）、『最高の結果を出す KPI マネジメント』『最高の結果を出す KPI 実践ノート』『最高の成果を生み出すビジネススキル・プリンシプル』（フォレスト出版）、『最速で課題を解決する逆算思考』（秀和システム）など。

ビジネスインサイダージャパンで毎月マネジメントについて執筆中。

◎株式会社中尾マネジメント研究所（NMI）
https://nminstitute.jp

自分で考えて動く社員が育つ
OJT マネジメント

2020 年 11 月 6 日　　初版発行

著　者　中尾隆一郎
発行者　太田　宏
発行所　フォレスト出版株式会社
〒 162-0824 東京都新宿区揚場町 2-18　白宝ビル 5F
電話　03 - 5229 - 5750（営業）
　　　03 - 5229 - 5757（編集）
URL　http://www.forestpub.co.jp

印刷・製本　日経印刷株式会社
©Ryuichiro Nakao 2020
ISBN978-4-86680-103-2　Printed in Japan
乱丁・落丁本はお取り替えいたします。

『自分で考えて動く社員が育つOJTマネジメント』

購入者
無料プレゼント

あなたの組織が「自律自転して業績を上げ続ける組織」に
なるために今日から使える

OJTマネジメントを強力に支援する3つのツール（PDF）

本書で解説したOJTマネジメントを支援する強力なツールとして、著者・中尾隆一郎が実践して磨き上げてきた次の3つの方法論を解説します。本書で紹介したG-POPフォーマットのダウンロードもご用意しました。

①ミッションアサインメントツール（MAT）を深化させる「9BOX」

②業績を上げ続ける組織がやっている「良い兆し」と「悪い兆し」の把握法

③生産性を劇的に上げる「すごい経営会議」

ぜひ、最強の組織づくりにご活用ください。

※無料プレゼントはWeb上で公開するものであり、CD・DVDなどをお送りするものではありません。
※上記特別プレゼントのご提供は予告なく終了となる場合がございます。あらかじめご了承ください。

無料プレゼントを入手するにはこちらへアクセスしてください

http://frstp.jp/ojt